기적의
단계별
독서법

뇌를 깨우고 공부머리를 키우는

기적의 단계별 독서법

초 판 1쇄 2025년 01월 23일
초 판 2쇄 2025년 02월 03일

지은이 정미정
펴낸이 류종렬

펴낸곳 미다스북스
본부장 임종익
편집장 이다경, 김가영
디자인 윤가희, 임인영
책임진행 이예나, 김요섭, 안채원, 김은진, 장민주

등록 2001년 3월 21일 제2001-000040호
주소 서울시 마포구 양화로 133 서교타워 711호
전화 02) 322-7802~3
팩스 02) 6007-1845
블로그 http://blog.naver.com/midasbooks
전자주소 midasbooks@hanmail.net
페이스북 https://www.facebook.com/midasbooks425
인스타그램 https://www.instagram.com/midasbooks

ISBN 979-11-7355-062-1 03370

값 19,000원

뇌를 깨우고 공부머리를 키우는

기적의 단계별 독서법

그녀쌤 정미정 지음

미다스북스

AI시대 독서교육이
아이의 미래를 결정한다.
독자생존
리드인 대구&경산 연합
학부모 설명회

안녕하세요, **그녀쌤 정미정**입니다.

저는 많은 학부모와 아이들과의 만남을 통해,

제대로 된 독서가 가져오는 놀라운 효과를 직접 경험하며

이를 널리 전파하고 있습니다.

이 책에, 독서의 본질과 그 힘을 극대화하는 실질적인 방법,

기적의 단계별 독서법을 담아냈습니다.

기적의 단계별 독서는 단순히 독서가 중요하다고 해서
무조건 책을 많이 읽는 행위가 아닙니다.
사유의 독서이자 학습과 성장의 핵심 도구입니다.

이를 통해 아이들은 더 나은 학습 능력과 사고력을 갖추고,
문제 해결력과 창의적 사고로 나아갈 수 있습니다.

어차피 잘될
사람들
WORK
SHOP
리드인

명심하세요. 독서는 기다림과 믿음의 과정입니다.
서두르거나 건너뛰면 독서에서 얻는 배움과 성장이 반감되고,
독서에 대한 자신감을 잃게 될 가능성이 큽니다.

각 단계를 충분히 경험하며 차근차근 나아갈 때,
아이들은 진정한 독서의 기쁨을 느끼고
학습과 삶에서 스스로 성장하는 힘을 얻을 수 있습니다.

독서는 인생을 살아가는 데 꼭 필요한 도구입니다.

올바른 독서가 학습 능력과 삶 전반에 긍정적인 영향을 미친다고 믿습니다.

아이들이 주체적인 독서가로 클 수 있도록,

이 책이 바른 독서 습관에 대한 대한민국 길잡이가 되었으면 합니다.

추천사

원장님을 알기 전에는 독서학원에 다닌다는 것을 이해할 수 없었다. 하지만 지금은 독서에도 영어, 수학 같은 전문가가 반드시 필요하다고 생각한다. 이 책을, 예전의 나처럼 돈 들여 독서학원에 가는 걸 이해하지 못하는 부모에게 권한다. 독서에도 전문가가 반드시 필요함을 깨닫게 될 것이다.

정혜린 맘

나는 아이들에게 책을 읽으라고만 했을 뿐, 어떻게 읽어야 하는지 알려준 적이 없다. 나도 한 번도 제대로 된 독서법을 배운 적이 없었기 때문이다. 하지만 이제 알았다. 시대는 변했고, 독서에도 전략이 필요하다는 것을.

이 책은 단순히 '책 좀 읽어라!'라고 말하는 무책임한 어른이 아니라, 아이들에게 독서의 즐거움과 의미를 알려주는 진짜 가이드가 되어줄 것이다. 부모로서, 선생님으로서, 그리고 어른으로서 우리가 꼭 읽어야 할 책이다.

작가 서민재

자녀가 어렸을 적, 어떻게 하면 아이에게 책 읽는 습관을 잘 심어줄 수 있을지 고민했던 기억이 납니다. 이제 제 아이는 다 커서 사회에 나갔지만, 돌이켜보면 독서는 단순히 지식을 쌓는 것을 넘어 아이의 사고력과 문제 해결 능력을 키워준 중요한 밑거름이었습니다.

『기적의 단계별 독서법』은 그런 고민을 했던 과거의 저에게 꼭 필요한 책이었을 것입니다. 정미정 저자는 단계별로 체계적인 독서법을 제시하며, 부모가 아이의 성장에 맞춘 독서 환경을 만들어줄 수 있도록 돕습니다. 특히, 아이의 발달 단계에 맞는 방법론과 생생한 사례들은 독서 교육의 본질을 이해하는 데 큰 깨달음을 줍니다.

자녀 교육의 한 챕터를 지나온 부모로서도 깊이 공감할 수 있었습니다. 이 책은 미래 세대를 위한 소중한 지침서라고 확신합니다. 아이의 학습과 성장을 돕고자 하는 모든 부모와 교육자들에게 이 책을 진심으로 추천합니다.

AI 최강작가 황성진

아이의 손에 책을 주는 행위는 부모와의 교감을 형성하는 두레박이다. 두레박은 줄을 길게 달아 낮은 곳에 있는 물을 높은 곳의 논이나 밭에 퍼붓는 기구이다. 아이를 낮은 단계에서부터 잘 성장시켜 높은 단계까지 이끌어, 사고력의 논과 창의력 밭을 풍성하게 만들 뿐만 아니라 학습력까지 성장하게 만들어야 한다. 이 도서는 채 자라지 못하고 숨어 있는 아이의 독서 자아를 살아나게 도와주며, 심리적 회복탄력성을 키울 수 있는 방법까지 장착한 기적의 도서이다.

심리학박사 박종선

현장에서 독서 논술을 10년간 지도하며 느낀 점은 아직도 독서의 출발을 잘못 알고 있는 분들이 많다는 것이었습니다. 책을 가까이하는 아이들과 멀리하는 아이들의 차이점은 뚜렷합니다. 기초부터 차근차근 부모와 함께 이어온 친구들은 가까이할 것이고, 자신의 독서 수준을 파악하지 못한 채 주변에서 좋다는 책들이나 필독서 위주로 숙제하듯 독서를 해온 친구들은 책과 점점 멀어집니다.

이 책은 독서와 멀어지고 있는 아이들을 위해 출발점부터 제대로 짚어주며, 책과 함께 성장할 수 있도록 이끄는 지침서의 역할을 톡톡히 합니다. 현명하고 똑똑한 아이로 키우고 싶은 부모님이라면, 독서를 제대로 지도하고 싶은 선생님이라면 꼭 봐야 할 책입니다. 우리 아이들이 책과 친해지고 더불어 공부 머리까지 키울 수 있도록 『기적의 단계별 독서법』을 지금 당장 읽어보세요.

독서논술전문가 이정은

자녀의 미래를 기대하지 않는 부모는 없습니다. 목표지점에 아이가 닿을 수만 있다면, 무슨 수를 써서라도 돕는 이가 바로 부모지요. 자녀의 행복을 위하는 부모라면 양육의 출발선에서 독서교육을 고민하지 않을 수 없습니다. 제대로 된 독서교육을 하기 위해서는 세간의 다양한 방법론보다 더 중요한 게 있답니다. 내 아이를 잘 파악하는 것! 이 책에서 아이의 능력과 수준에서 출발하는 독서가 가장 바른 독서라고 저자는 거듭 말하고 있어요. 바른 독서교육의 로드맵을 알고 싶다면 선택하시길 추천합니다.

『우리 아이 읽기 독립』 작가 최신애

각종 매체에서 '문해력 저하의 심각성'을 보도한 이후 부모들 사이에서도 '문해력'은 단연 화두다. 독서 교육 1선에 있는 나로선 '독서가형 인재'를 만나는 게 쉽지 않은 현실이다. 책을 들어야 할 손을 핸드폰에 내어준 지 오래인 세대이기 때문이다. 어휘력과 문해력뿐만 아니라 집중력과 공감능력까지 상실한 세대가 책으로 회귀하기 위해 가장 필요한 것은 단연 '단계별 독서'다.

『기적의 단계별 독서법』의 저자 그녀쌤은 '읽다, 생각하다, 표현하다'를 주창하는 독서 교육 23년 차 베테랑이다. 독서가 단순히 책을 읽는 행위가 아니라 성장의 여정임을, 단계별 독서는 기다림이자 믿음임을 제자들의 실제적 사례를 통해 증명한다. 이 책은 이제 막 한글 공부를 시작한 유아기 부모부터 고등 자녀를 키우는 부모에 이르기까지 모두를 아우르는 힘을 지녔다. 이제 막 읽기 걸음마를 뗀 아이를 위해 부모가 해줄 수 있는 일에서 시작해 고급 독해에 필요한 구체적인 발문까지 제시하며 실천 가능한 독서법을 제공한다. 컴퓨터 자판만 두드리면 쏟아지는 '학년별 필독서'의 홍수 속에서 '실패하지 않는 독서 전략'이라는 보물을 캐는 독자가 많아지기를 기대한다. 또한 분초를 다투는 바쁜 일정 속에서 작가의 커리어까지 이루어낸 그녀쌤에게 존경의 박수를 보낸다.

국어&독서교육전문가 함지혜

정미정 작가는 리드인 독서지도 서비스의 중심에서, 많은 아이들에게 독서의 즐거움과 중요성을 전하는 길잡이입니다. 그녀는 바쁜 일상 속에서도 책을 펴내 더 많은 아이들이 독서를 통해 더 나은 미래를 꿈꿀 수 있도록 돕고자 합니다.

이 책은 독자들에게 독서의 힘을 새롭게 일깨워줄 것입니다. 또한 삶에 긍정적인 변화를 가져올 수 있는 소중한 기회를 제공합니다. 이 책을 통해 독서의 즐거움을 발견하고, 그 힘으로 더 풍요롭고 의미 있는 삶을 살아가시길 바랍니다.

리드인 독서 대표 강경원

독서지도 프로그램인 리드인의 개발자로서 정미정 작가를 만난 지 벌써 10년이 훌쩍 지났습니다. 리드인 조직이 전국으로 뻗어가는 그 세월 동안 정미정 지사장은 가히 타의 추종을 불허할 정도의 에너지를 내뿜으며 조직의 성장에 큰 역할을 하였습니다. 지금도 자신이 도맡아 성장시킨 대구지사에서뿐만 아니라 전국을 누비며 리드인의 가치와 시스템이 현장에 잘 녹아들 수 있도록 교육과 강연으로 크게 기여하고 있습니다.

그런 에너지가 고스란히 담긴 이번 책에 참으로 기대가 큽니다. 무엇보다 수십 년간 현장에서 아이들이 책을 만나는 과정을 1대1로 모니터링하며, 아이에게 딱 맞는 테라피를 제공하는 데 헌신해온 '그녀쌤'이 썼다는 데 이 책의 진가가 있습니다.

책은 내가 아닌 다른 사람의 삶 이야기를 담고 있는 매체입니다. 독서를 통해 우리는 그런 다른 삶을 닮아 갑니다. 삶을 담은 이야기를 읽고 삶을 닮아 가는 과정에 독서의 매력이 있습니다. 이 과정은 읽은 이 스스로 행하는 창조의 과정입니다. 미취학 어린이가 그림책을 읽으면서도 이런 창조는 일어나고, 초등학생이 추리소설에 심취해 있을 때도, 청소년 독자가 로맨스나 SF, 역사, 과학 이야기에 푹 빠져 있을 때도 각 독자는 창조의 과정을 몸소 체험합니다. 엄청나게 다양한 것들을 창조하지만, 무엇보다 주목해야 하는 것은 '새로운 나'입니다. 한 권의 책을 '읽기 전의 나'와 '읽은 후의 나'는 달라집니다. 스스로 읽는 과정을 통해 우리는 스스로를 변화시킵니다.

책을 읽는 아이들이 의젓해지는 건 바로 이런 창조적 닮음 속에서 벌어지는 신비로운 변화입니다. 자기주도를 할 줄 아는 의젓한 아이들, 스스로 계획하고 목표를 세우고 차근차근 실행할 줄 아는 남다른 아이들, 자기주도가 몸에 밴 아이들은 바로 책 읽는 아이들입니다. 읽기의 신비로운 힘이 그런 아이들을 길러냅니다. 과문한 탓에 다른 어떤 방법이 있는지 알 수 없지만, 다른 어떤 방법보다도 가장 효율적이고 효과적인 방법이 바로 독서라는 데 저와 정미정 작가를 비롯한 리드인의 모든 식구들은 의기투합했습니다.

작가의 지혜가 마무리된 곳에서 독자의 지혜가 비로소 시작된다고 합니다. 정미정 작가가 독서교육에 쏟은 헌신과 열정이 이렇게 귀한 한 권의 책으로 갈무리되었습니다. 이제 이 책을 통해 또 얼마나 많은 지혜의 스핀오프들이 벌어질까를 상상하면 가슴이 뛥니다. 이런 놀라운 작품을 세상에 내놓는 정미정 작가에게 세상에서 가장 큰 축하의 인사를 건네며, 이 책을 통해 정미정 작가의 지혜를 닮아 가실 독자분들에게도 놀라운 변화의 신비가 폭죽처럼 펼쳐지기를 소망합니다.

PRS창의독서개발원 대표, 독서테라피 리드인 개발자 정성태

프롤로그

왜 지금, 기적의 단계별 독서를 해야 하는가?

공부머리를 만드는 독서는 다르다

"선생님! 이렇게 책을 많이 읽는데 왜 성적은 잘 나오지 않을까요?"
"책을 읽으라고 하면 읽기는 하는데, 정말 제대로 읽고 있는 게 맞을까요?"

독서 교육을 진행하며 부모님들에게 가장 자주 듣는 이야기다.

'책 읽는 아이가 공부도 잘한다.'

익숙한 이 문장은 많은 부모님과 교육자들에게 진리처럼 여겨진다. 많은 부모님들은 단순히 책을 많이 읽는 것이 독서 교육의 핵심이라고 생각한다. 물론 책 읽기는 아이의 사고력과 학습 능력을 키우는 중요한 활동이다. 하지만 정말 책을 읽는 것만으로 공부머리를 완성할 수 있을까? 현실은 그렇지 않다. 책은 제대로 읽어야 한다.

독서가 공부머리로 연결되려면 단순히 읽는 양에 초점을 맞출 것이 아니라 아이의 발달 단계와 읽기 수준에 맞게 책을 읽어야 한다. 그래야만 우리가 원하는 '진짜 독서'를 성공할 수 있다. 그러면 앞의 문장은 이렇게 고쳐서 완성할 수 있을 것이다.

'제대로 책 읽는 아이가 공부도 잘한다.'

읽기가 실패로 이어지는 이유는 아이의 읽기 능력을 정확히 점검하지 않은 채 무작정 책을 읽히는 데 있다. 초등학교 3학년 지윤이는 부모님이 자랑할 정도로 책을 많이 읽고 있었다. 하지만 아이에게는 책을 건성으로 읽는 습관이 있었다. 아이는 책의 내용을 제대로 이해하지 못했으며 자신만의 생각으로 확장하는 것도 어려워했다. 책의 난도가 아이의 읽기 수준과 맞지 않았기 때문이다.

독서는 처음부터 제대로 해야 한다. 제대로 된 읽기를 통해 배경지식을 확장하고 나만의 독서 방법을 만들 수 있기 때문이다.

이 책에서 말하는 기적의 단계별 독서는 아이의 읽기 수준과 발달 단계를 고려해 책을 선택하고, 독서 방법을 조율하는 체계적인 접근법이다. 기적의 단계별 독서는 독서와 학습의 실패를 예방하고, 아이의 잠재력을 극대화하는 가장 효과적인 방법이다. 아이는 책 읽기의 즐거움을 느끼며 학습에서도 자신감을 얻게 된다. 책 읽기가 단순한 활동으로 끝나는 것을 방지하고, 독서와 독서 활동, 이로부터 얻은 통찰과 능력이 학습으로 연결될 수 있도록 돕는다. 기계적인 읽기의 기술을 습득하는 것을 넘어 사고력과 공부머리를 완성하는 데 이른다.

공부머리를 완성하는 독서를 하려면 아이의 현재 읽기 수준을 정확히 파악하는 것이 무엇보다 중요하다. 아이가 단어와 문장을 정확히 읽을 수 있는지, 책의 기본적인 줄거리를 이해하는지, 읽은 내용을 자신의 언어로 표현하거나 등장 인물의 동기를 추론할 수 있는지를 점검해야 한다. 이를 바탕으로 아이에게 적합한 책을 제공하면, 독서로 공부머리를 만들 수 있다.

현장에서 만난 많은 아이들이 '기적의 단계별 독서법'을 통해 변화를 경험했다. 초등학교 1학년 상현이는 글자를 읽는 데 능숙했지만 내용을 이해하지 못하고 글자를 '소리 내어 읽는' 수준에 머물러 있었다. 이 아이에게는 쉬운 그림책부터 시작해 내용을 요약하고, 그림과 이야기를 연결하는 연습을 하게 했다. 몇 달 후, 아이는 글의 흐름을 이해하고 등장 인물의 감정을 상상하며 이야기를 확장할 수 있었다.

중학교 2학년 주아는 독해력이 부족해 교과 학습에서 어려움을 겪었지만, 낭독과 텍스트 분석을 병행하며 유창성 발달 단계를 거쳐 학습에서 눈에 띄는 성과를 보였다. 책을 읽는 데 흥미를 잃었던 중학교 1학년 세진이는, 단계에 맞는 관심 있는 주제의 책으로 독서를 다시 시작하며 읽기의 즐거움을 되찾았다.

초등학교 저학년 아이가 쉬운 그림책부터 시작해 점차 난도를 높이는 과정을 거치며 독해력을 키운 사례나, 독해력이 낮은 중학생이 낭독과 문장 분석을 병행하며 학습에서도 성과를 보인 사례는 기적의 단계별 독서가 얼마나 효과적인지를 잘 보여준다.

책 읽기는 단순히 아이에게 지식을 주는 활동이 아니다. 아이의 사고력, 창의력, 문제 해결 능력을 키우는 동시에, 학습과 연결되는 중요한 지점이다.

독서의 실패는 기적의 단계별 독서를 통해 해결된다.
기적의 단계별 독서법은 아이의 성장과 발전을 돕는다.
독서를 통해 학습으로 이어지는 여정은 아이의 잠재력을 끌어낸다.

제대로 된 독서는 아이의 미래를 결정한다.
책 읽기는 아이의 미래를 여는 열쇠다.
기적의 단계별 독서를 통해 아이가 책과 친해지고,
제대로 된 독서를 통해 성장과 공부머리로 이어지는 과정을 함께하자.
분명 아이의 무한한 가능성을 열어줄 것이다.

이제, 기적의 단계별 독서로 아이의 미래를 함께 설계해 보자.

새해를 맞이하며, 그녀쌤 정미정

기적의 단계별 독서법으로 기적을 만난 후기들

이전에는 책에 관심이 없었는데 지금은 책에 관심이 생겼습니다. 그리고 저번에 학교에서 표창장을 받아서 기분이 좋았습니다.

초등학교 2학년 ○○○ 학생

5학년부터 기적의 단계별 독서법을 했는데, 그 전에는 국어 읽기 속도와 이해 속도도 느렸던 것 같습니다. 지금은 6학년인데 속도도 빨라지고 이해하기도 더 쉬워졌습니다.

초등학교 6학년 이○○ 학생

1년 되었는데 이전보다 글쓰기 능력도 좋아졌고 노트 정리도 더 잘되는 것 같습니다. 감사합니다.

초등학교 6학년 박○○ 학생

학교에서 친구들과 비교했을 때 책 읽는 속도가 느렸었는데, 지금은 비슷비슷해졌습니다. 글쓰기 능력과 이해도도 높아졌습니다. 기적의 단계별 독서법 하기를 잘했어요.

초등학교 6학년 이○○ 학생

책 읽기 쉬워지고 속도도 굉장히 빨라졌다. 국어 성적이 많이 올랐고, 시험 기간에 교과서로 공부하기 쉬워져서 역사 점수가 전보다 높게 나왔다. 원래 책 읽는 걸 싫어해서 매일 책을 보면 잠이 들어버렸는데, 마음 잡고 읽으니까 재미있는 책이 많았다. 독후감 쓰기도 쉬워졌다. 원래 요약을 잘 못했는데 요약 능력도 조금 늘었고, 글쓰는 솜씨도 는 것 같다.

중학교 2학년 김○○ 학생

기적의 단계별 독서법을 하면서 최근 기말고사에서 100점을 받았어요. 예전에는 여가 시간에 게임을 하거나 SNS를 보기만 했는데, 최근에는 서점에 가서 산 책을 읽기도 합니다. 스스로 공부하는 힘도 길러졌고, 제 생각을 드러내서 글을 쓰는 능력도 자라고 있습니다.

중학교 3학년 황○○ 학생

원장님 성격이 좋고 센스가 있으세요. 성적이 30점에서 70점으로 올랐어요. 책도 읽고 독서감상문도 쓰게 되었습니다. 가장 좋은 점은 친구들이나 선생님과 말할 때, 언변 실력이 향상된 것입니다. 고3까지 계속할 예정이에요.

중학교 2학년 오○○ 학생

초등학교 5학년부터 기적의 단계별 독서법을 했어요. 중간에는 '도움이 되나' 싶어서 그만두고 싶었는데, 열심히 하다 보니 독해 능력과 글쓰기 능력이 올라가는 걸 느꼈습니다. 고2 모의고사를 100점 맞기도 했어요. 고등학교 과정은 한 번도 공부한 적 없는데도요. 앞으로 더 성장하겠습니다!

중학교 3학년 박○○ 학생

예전에는 시험을 보거나 수행평가를 할 때 문제를 읽는 속도, 파악하는 속도가 느렸다. 그래서 시간 안에 문제를 풀지 못하는 경우가 종종 있었다. 하지만 책을 읽다 보니 책과도 친해지고, 문장 읽는 속도와 문장을 파악하는 속도가 빨라져 학교 시험에서도 많은 도움이 되었다. 그리고 나의 생각, 느낀 점을 자유롭게 쓰는 방법을 알게 되었다. 이제는 책 읽는 것이 싫지 않게 되었다. **중학교 1학년 권○○ 학생**

책을 평소에 조금이라도 접할 수 있게 되었다. 책을 읽고 감상문을 쓰는 활동을 통해 내 생각을 좀 더 표현할 수 있게 되었다. 기말 고사 때 내 이해도에 맞추어 반복해서 읽고 메타인지로 정리한 덕분에 성적이 많이 올랐다. 집중력 훈련과 독해를 통해 집중력도 기를 수 있었고, 내용을 이해하면서 예전보다 빠르게 책을 읽을 수 있었다.

중학교 2학년 맹○○ 학생

원래 책을 엄청 천천히 읽는 스타일이었는데, 책 읽는 속도가 확연히 빨라졌다. 2학년 때 국어 시험을 너무 못봤었는데 3학년 국어성적은 너무 잘 나와서 놀랐다♡ 책 레벨이 올라가는 재미가 있다. 무엇보다 늘 격려해주시는 우리 아름다운 선생님 덕분에 즐겁다. 열정 가득한 눈빛으로 바라봐주셔서 도움도 많이 되고 공부 욕구가 샘솟는다. 책을 읽으면서 여러 지식이 쌓이는 게 너무 좋다. **중학교 3학년 신○○ 학생**

기적의 단계별 독서법을 했던 1학년 때는 1등급까지 갔었고, 그 이후에는 2~3등급쯤에서 계속 머물렀습니다. 2~3학년 때도 기적의 단계별 독서법을 계속 했으면 더 좋은 성적을 받을 수 있었을 것 같습니다. **현재 대학교 1학년 김○○ 학생**

여러가지 변화를 느꼈습니다. 특히 글의 주제를 파악하는 능력이 향상되었습니다. 글의 흐름을 파악하는 데에 있어서도 확실히 수월해졌습니다. 다양한 분야의 책을 읽어도 무슨 내용을 담고 있는지 체계적으로 머릿속에서 틀이 잡힌다는 것을 느꼈습니다. 덕분에 학교 내신 준비하는 데에도 도움이 많이 되어서, 성적에도 영향을 미친 것 같습니다. 단지 책만 읽는 것이 아니라 독서가 이곳저곳 여러 면에서 도움이 되고 있다고 생각합니다.

중학교 3학년 최○○ 학생

책을 많이 읽지 않아서 자기 주장도 없었고, 말할 때 어정쩡하고 요점이 없었다. 하지만 책을 많이 읽고 몰랐던 것도 많이 알게 되고, 말에도 요점이 생겼다. 토론대회도 나갔다. 중학교 때는 국어 공부를 열심히 해도 성적이 나오지 않았다. 하지만 지금은 국어 공부를 효율적으로 하는 방법을 알게 되었고 국어 성적이 신기하게 올랐다. 엄마도 이만큼 오를 줄 몰랐다고 하셨다.

고등학교 1학년 권○○ 학생

고등학교 올라와서는 메타인지 부분이 가장 도움이 되었습니다. 뭘 알고 있고, 모르고 있는 것을 체크해가면서 다양한 방식으로 접근해서 효율적으로 공부를 할 수 있었어요. 문학에 약했었는데, 이걸 오히려 강점으로 만들 수 있었습니다. 꾸준히 노력한 덕분에 쌓이고 쌓여서 전교 1등까지 할 수 있었어요. 잘 못해도 열심히 하면 좋은 결과를 맞을 수 있습니다. 끝까지 포기하지 않았으면 좋겠습니다.

고등학교 1학년 황○○ 학생

책을 가까이 해야 한다고는 하는데 그 방법을 모르는 경우가 너무 많습니다. 기적의 단계별 독서법으로 그 방법을 알게 되었습니다. 정독, 집중력, 글쓰기, 어휘력 쑥쑥쑥! 책 읽는 아이가 미래를 바꿉니다.

익명의 학부모

원장님 덕분에 ○○이, 카이스트 서류 합격하고 이번 주말에 2차 면접 보러 갑니다. 감사드려요!

최○○ 학생 어머니

좀 더 빨리 보낼 걸 싶었어요. 너무 좋더라구요.

손○○ 학생 어머니

아이의 글이 일취월장했음을 저도 느껴요. 주위를 맴돌던 글의 주제가 점점 제자리를 찾아간다는 느낌! 그래도 엄마 욕심은 끝이 없습니다. 좀 더 발전하는 아이가 되도록 잘 지도 부탁드립니다.

○○은 학생 어머니

덕분에 ○○이가 독서감상문대회에서 상을 받았네요. 글쓰기에 조금 더 자신감이 붙겠어요. 감사드립니다. 조급해하지 않고 기다리니까 결과가 나오네요♡

○○○ 학생 어머니

아이가 책이란 걸 정말 싫어했는데, 이제는 책을 좋아하게 되었고 혼자서 책을 읽고 독서 신문을 만들어보자며 저에게 먼저 말하더라구요. 스스로 책 읽는 모습에 감동 받았답니다.

○○○ 학생 어머니

한 구절 한 구절 어긋남 없이 본질의 중요성에 대해 다시 한번 숙지하게 되네요. 현장에서 중요한 것이 교육에 대한 진정성이라고 생각합니다. 덕분에 아이들마다 개별 코칭과 독서 분석을 객관적이고 보다 구체적으로, 그리고 더 신뢰 싶은 상담을 할 수 있었습니다. **김ㅇㅇ 수강생**

열정적인 교육은 항상 저를 다시 한번 정리하게 합니다. **윤ㅇㅇ 수강생**

비타민입니다. 뒤처지고 있던 저에게 힘이 되어주셔서 감사합니다. **김ㅇㅇ 수강생**

늘 백 점 만점 강의입니다. 멈춰 있지 않고, 늘 현재를 반영해서 교육해 주셔서 마인드부터 내용까지 많이 배우고 있습니다. **익명의 수강생**

매일 노력해야 하는 구체적인 부분을 알게 된 것 같아요. 실천해 보겠습니다. 감사합니다. **장ㅇㅇ 수강생**

목 차

1장

독서의 기적

기적의 단계별 독서법으로 성공하자!

독서는 기적을 일으킨다. 그러나 우리 아이는 어떨까? 실패하는 독서를 하고 있지는 않은가? 이 장에서는 기적의 단계별 독서법이 왜 필요한지를 비롯하여 학부모들이 독서 교육에 대해 자주 잊거나 착각하고 있는 것들에 대해서 이야기해 본다. 마지막으로 읽기 단계의 기준을 넣어두었으니, 늦었다 자책하지 말고 지금부터 기적의 단계별 독서법을 시작해 보자!

1.

기적의 단계별 독서, 왜 필요한가?

기적의 단계별 독서법은 연령, 학습 수준, 독서 경험에 맞춰 책을 읽는 방법이다. 아이마다의 발달 단계에 적합한 독서를 통해 뇌 발달, 학습 효과, 정서적 성장을 극대화한다. 특히 아이의 읽기 능력에 맞는 책과 독서 방식을 제공함으로써 읽기 능력, 학습 능력, 정서 발달을 효과적으로 지원할 수 있다.

이 책에서 앞으로 소개할 기적의 단계별 독서법의 효과와 강점은 셀 수 없이 많다. 그러나 본격적으로 이 책을 읽기 전, 기적의 단계별 독서법이 영유아기부터 성인기까지 적용되어야 하는 이유를 짚고 넘어가려 한다. 뇌의 발달, 학습 효과, 독서에 대한 동기, 정서 발달 등 영유아기부터 성인기까지 기적의 단계별 독서법이 필요한 이유를 알아보자.

1) 뇌 발달 : 시기마다 자극이 필요한 뇌가 다르다

뇌는 발달 단계에 따라 자극을 다르게 받아들인다. 영유아기에는 언어와 시각적 자극(그림책)이 뇌의 기초 신경망을 형성한다. 청소년기에는 논리적 사고와 비판적 사고를 요구하는 독서가 뇌를 심화 발달시킨다.

예를 들어, 어린아이에게 과학 논문을 읽힌다면 이해도 어렵고 뇌 자극도 제한적이다. 반대로 청소년에게 그림책만 읽힌다면 학습 효과는 미미하다. 뇌 발달 단계에 맞는 독서를 제공해야 하는 이유다.

2) 학습 수준 : 학습 효과를 극대화할 수 있다

기적의 단계별 독서법은 학습의 기초를 제공하며 이해력을 점진적으로 높인다. 쉬운 책에서 시작해 난이도를 조절하면 학습에 필요한 배경지식을 효과적으로 쌓을 수 있다. 아이의 독서 수준에 맞춘 도전은 흥미와 성취감을 함께 제공한다.

- 초등학생: 동화책으로 읽기 습관을 형성하고 점차 지식 위주의 책으로 확장한다.
- 중고등학생: 문학과 논픽션을 통해 논리적 사고력과 문제 해결력을 키운다.
- 성인: 전문 분야의 도서를 읽으며 폭넓은 시야를 갖춘다.

3) 관심도 : 독서를 하는 원동력을 만든다

아이의 관심과 수준에 맞지 않는 책은 독서를 지루하게 만들거나 흥미를 잃게 한다. 지나치게 어려운 책은 자신감을 떨어뜨리고, 너무 쉬운 책은 흥미를 저하시킨다. 독서는 읽기 수준에 맞는 책으로 이루어질 때 즐거움과 성취감을 제공한다.

- 유아기: 그림과 짧은 문장이 있는 책은 흥미를 느끼게 한다.
- 청소년기: 모험 소설, 동물 이야기, 역사책 등을 통해 상상력과 배경지식을 확장한다.
- 성인기: 복잡한 주제를 다룬 철학이나 자기계발서를 읽으며 사고의 깊이를 더한다.

4) 정서 발달 : 정서적 성장과 공감 능력이 자란다

아이에게 적합한 책은 정서적 성장을 돕는다. 유아기에는 감정을 배우고, 청소년기에는 정체성을 형성하며, 성인기에는 깊은 공감 능력을 발달시킨다. 독서는 등장 인물과의 공감을 통해 대인 관계 능력과 사회적 감각을 키우는 데 효과적이다.

- 초등학생: 나눔과 사랑을 다룬 책을 통해 타인과의 관계를 배운다.
- 청소년: 윤리적 주제를 다룬 책을 통해 자신의 가치관을 형성한다.
- 성인: 다양한 관점을 가진 책을 읽으며 사고의 폭을 넓힌다.

5) 습관 : 평생 독서의 기반을 만든다

기적의 단계별 독서법은 평생 독서를 가능하게 하는 기반을 마련한다. 아이에게 쉽게 접근할 수 있는 책에서 시작해 점차 도전적인 책으로 발전하면 독서는 자연스럽게 습관이 되고 삶의 일부가 된다.

유아기에는 그림책으로 시작해 글이 많은 동화책으로 확장한다. 청소년기에는 문학, 논픽션을 통해 비판적 사고와 창의력을 키운다. 이렇게 능동적인 독서로 자리매김을 하면 성인기가 되었을 때 자기계발서에서 철학, 역사, 과학으로 관심을 확장한다. 결국 아이에게 맞는 독서 습관은 꾸준한 독서를 가능하게 하며, 능숙한 독서가로 성장하는 길을 열어준다.

기적의 단계별 독서법은 평생의 필수 전략이다

기적의 단계별 독서법은 독서의 즐거움을 발견하게 하고, 지적 · 정서적 성장의 길을 열어준다. 연령과 발달 단계에 맞는 독서는 뇌가 흡수할 수 있는 정보를 제공하며 읽기의 기초와 사고력을 점진적으로 발전시킨다. 수준에 맞는 책은 학습의 기초가 되고 독해력과 문제 해결 능력을 키운다. 다양한 감정을 경험하며 정서적 안정과 공감 능력을 발달시키고, 논리적이고 창의적인 사고를 발전시킨다.

기적의 단계별 독서법은 단순한 읽기를 넘어 뇌, 마음, 학습 능력을 종합적으로 성장시키는 필수 전략이다. 앞으로 이 책에서 소개하는 '기적의 단계별 독서'가 필요한 이유, 우리의 현실, 전략, 원리, 완성까지 모든 것을 따라가 보자.

2.

'책 읽는 아이'를 만드는 비밀은 부모다

발달 단계에 맞춘 책 읽기는 기본이다

"엄마, 책 읽어?"

"응, 너희 둘이 너무 잘 놀아서 엄마는 할 일이 없네. 왜? 엄마 책 읽지 말까?"

"아니야. 나도 책 읽을까?"

"너 지금 노는 중이잖아. 책은 더 놀다가 읽어도 돼."

"나도 지금 책 읽을래. 책 가지고 올게."

엄마가 책을 읽자, 큰아이가 따라 책을 읽었고 글자를 모르는 동생마저 책을 꺼내 앉아 읽었다. 이런 모습은 부모가 보여주는 자연스러운 독서 습관의 중요성을 시사한다.

책을 꾸준히 읽는 아이로 키우는 것은 부모의 노력과 관심에서 시작된다. 아이는 부모의 행동을 따라 배우며 성장한다. 그래서 부모가 책을 읽는 모습은 아이에게 강력한 본보기가 된다. 아이가 스스로 책을 읽고 싶어 하도록 만드는 가장 효과적인 방법은 부모가 먼저 책 읽는 모습을 보여주는 것이다.

'책 읽는 아이'를 만드는 비밀은 부모가 가지고 있다. 그러나 독서 습관은 단기간에 완성되지 않는다. 꾸준한 책 읽기 습관을 만들기 위해서는 아이가 어릴 때부터 부모의 정성과 시간이 필요하다. 부모가 독서의 좋은 모델이 되고, 아이의 발달 단계에 맞는 책을 적절히 제시하는 것이 중요하다.

1) 0~2세: 정서적 교감을 위한 책 읽기

이 시기의 아이들은 감각 기관이 빠르게 발달한다. 부모의 목소리와 이야기는 아이에게 안정감과 함께 언어적 자극을 준다. 부모가 아이를 품에 안고 책을 읽어주는 시간은 정서적 교감을 이루는 중요한 시간이다. 책 읽기 자체보다는 촉각 책을 활용하거나 소리를 들려주는 활동 중심의 책 읽기가 적합하다.

2) 3~4세: 언어 폭발 시기, 그림책의 역할

의성어와 의태어가 풍부한 그림책이 좋은 도구다. 반복적인 말을 즐기는 아이들은 이러한 그림책을 통해 어휘력을 넓히고 문장 표현력을 키운다. 이 시기는 생활 습관과 연결된 그림책을 활용하기에 적합하며, 숫자나 사물 그림책도 아이의 흥미를 자극한다.

3) 5~6세: 상상력과 감상의 시기

아이들은 이 시기에 상상력과 호기심이 풍부해진다. 선과 악의 갈등이 뚜렷한 이야기나 초현실적인 동물 이야기를 좋아하며, 전래 동화나 신화 같은 이야기에 매력을 느낀다. 그림책을 보며 상상력을 펼치거나 글자가 없는 그림책으로도 창의적인 이야기를 만들어 낼 수 있다.

4) 7~9세: 판타지와 관계 중심의 독서

이 시기의 아이들은 상상력이 최고조에 이른다. 판타지 문학을 통해 상상력을 자극하는 것이 좋다. 친구와 사람 간의 관계에 관심이 많아지므로, 친구 문제나 성교육 관련 그림책도 좋은 선택이 될 수 있다. 반복해서 같은 책을 읽고 싶어 하는 경우가 많으니 이를 자연스럽게 받아들이며 독서를 즐기도록 도와야 한다.

좋은 독서 습관은 평생의 유산이다. 이를 위해 부모는 책 읽기에 대한 시간과 노력을 아끼지 않아야 한다. 아이 스스로 책을 읽게 하는 열쇠는 부모에게 달려 있다. 부모가 먼저 책 읽는 모습을 보여주고, 아이의 독서 여정을 지혜롭게 이끌어준다면 아이는 책과 더불어 성장할 것이다.

독서는 아이의 미래를 열어주는 문이다. 그 문을 여는 열쇠는 부모의 손에 있다.

그녀쌤의 기적 TIP

독서의 강력한 힘, 시카고 플랜

시카고대학은 1892년 설립부터 미국에서 가장 공부를 못하는 아이들이 입학하는 학교였다. 1929년 총장으로 부임한 제임스 허친스 박사는 시카고대학을 세계 명문 대학으로 만들겠다는 목표를 세웠다. 이것이 바로 시카고 플랜이다.

시카고 플랜은 인류의 위대한 유산인 철학 고전을 포함한 각종 고전 100권을 완벽하게 읽는 것을 졸업 요건으로 내세운 것이었다. 그리고 시카고대학은 이때를 기점으로 혁명적으로 변화했다. 그 이후 2010년까지 시카고대학 출신이 받은 노벨상은 무려 80여 개다.

이미 성인이 된 대학생들의 두뇌도 독서로 인해 바뀌었다. 무려 노벨상을 받을 수 있을 정도까지 바뀔 수 있었던 힘은 바로 독서에 있었다.

3.

정말 우리 아이, '읽기 독립' 했을까?

글자만 안다고 읽기 독립이 된 걸까?

"우리 아이는 책을 잘 읽는데 글쓰기를 어려워해요."

많은 부모들이 이렇게 말한다. 여기서 '책을 잘 읽는다.'라는 의미는 무엇일까? 안타깝지만 단순히 문자를 읽을 줄 안다, 글밥이 많은 책을 읽을 줄 안다는 의미인 경우가 대부분이다.

아이가 문자를 익히고 또박또박 소리 내어 읽기 시작하면 부모는 흔히 '우리 아이는 읽기 독립이 되었어.'라고 생각한다. 하지만 이는 오해다. 단순히 글자를 읽는 것과 읽기 독립은 전혀 다른 개념이다.

예를 들어, 한 아이가 『무지개 물고기』라는 책을 읽었다고 해 보자. 아이가 책의 문장을 틀리지 않고 소리 내어 읽었다고 해서 내용을 완전히 이해했다고 할 수 있을까? 읽기 독립이란 단순히 문자를 읽는 능력이 아니다. 글자를 읽으며 그 의미를 제대로 이해하고, 생각하고, 표현할 수 있는 능력을 포함한다. 그림책의 단순한 문장부터 제대로 이해하고 표현할 수 있어야 하는 것이다.

읽기 독립에 대한 오해는 아이의 독서 습관을 잘못된 방향으로 이끌기도 한다. 그래서 아이가 그림책을 읽으면 "너무 쉬운 책 읽는 거 아니야?"라고 묻곤 한다. 하지만 글밥이 더 많은 책을 읽을 줄 알면서도, 그림책의 그림과 문장을 연결해 생각하고 표현하는 능력이 부족한 아이들이 많다. 이런 상태에서 글밥이 많은 책을 읽는 것은 효과적이지 않다.

읽기 독립 점검, 그림책부터 시작하자

읽기 독립의 상태를 점검하려면 아이에게 그림책을 읽게 한 뒤, 읽는 과정을 관찰해야 한다. 그리고 다음 사항 두 가지를 중점적으로 확인하자.

❶ 그림만 보고 내용을 파악하는 것은 아닌지 살펴보자.
❷ 읽은 내용을 자신의 언어로 표현할 수 있는지 파악해 보자.

이 과정에서 단순히 문자를 읽는 것이 아니라, 읽은 내용을 이해하고 간단하게라도 표현할 수 있는지를 파악할 수 있다. 예를 들어, 아이가 책을 다 읽은 뒤 이런 질문을 던지는 것이다.

"무지개 물고기의 성격은 어때?"

"무지개 물고기가 친구들에게 어떻게 했니?"

이때 그림만 보고 내용을 파악하는 아이라면 이런 식으로 대답할 것이다.

"무지개 물고기는 알록달록 예쁜 물고기예요."

이는 책의 내용을 제대로 이해하지 못했음을 의미한다. 문자를 단순히 읽을 수 있는 것과 문장의 의미를 이해하는 것은 완전히 다른 차원의 문제다.

읽기 독립, 자연스럽고 똑똑하게 준비하라

단계를 건너뛰어 읽기 독립을 성급히 판단하는 것은 아이의 독서 발달에 부정적인 영향을 미칠 수 있다.

우리 아이가 단순히 글자만 읽고 있는지, 아니면 문장을 통해 의미를 파악하며 사고하고 있는지를 점검해야 한다. 읽기 독립을 이루려면 서두르지 말고 아이의 발달 단계를 신중히 고려해야 한다. 단순한 그림책에서 시작해 점차 글밥이 많아지고 복잡한 내용을 다룬 책으로 넘어가는 과정은 아이에게 무리 없이 자연스럽게 이루어져야 한다. 이 과정에서 부모와 아이의 꾸준한 상호작용이 필수적이다.

무엇보다 읽기 독립의 준비 과정에는 음성언어와 문자언어의 연결이 필요하다. 어릴 때부터 그림책을 많이 읽고, 그림과 문장을 연결해 생각하는 연습을 충분히 해야 한다. 이 과정에서 아이의 읽기 능력에 맞는 책을 제공하며 점진적으로 독서 습관을 길러야 한다.

독서 성장은 진정한 읽기 독립에서 시작된다!

진정한 읽기 독립은 글자를 읽는 행위 그 이상이다. 문자를 정확히 읽는 것뿐만 아니라, 해독 능력과 더불어 문장의 의미를 파악하고, 이를 바탕으로 생각할 수 있는 능력이 포함되어야 한다. 즉, 문자의 해독과정과 사실적 독해가 제대로 이루어져야 읽기 독립이 이루어질 수 있다.

진정한 독서의 시작인 읽기 독립부터 점검해 보자. 이렇게 아이를 관찰하고 아이의 상태를 점검하면서 서서히 읽기 단계에 맞는 지원을 하는 것이 기적의 단계별 독서법의 첫걸음이다.

4.

학년이 아닌 읽기 단계가 답이다

읽기 능력을 키우려면 뇌 발달에 주목하라

아이는 태어날 때 모든 언어를 배울 수 있는 능력을 갖고 태어나지만, 동시에 필요한 정보에 집중하는 능력도 가지고 있다. 생후 12개월 정도가 되면 주변에서 들려오는 말소리를 통해 모국어 회로를 형성한다. 이 시기에 말을 못 한다고 해도 언어를 이해하는 능력은 빠르게 자라고 있는 것이다.

돌 무렵이 되면 아이는 '맘마', '지지'처럼 단어로 의사소통을 시작한다. 이건 뇌 속에서 언어를 이해하는 베르니케 영역이 발달하고 있다는 증거다. 이 영역은 단어 소리와 의미를 연결한다. 문장을 말하기 시작하면 문법을 담당하는 브로카 영역이 발달하는 것이다. 뇌는 듣고 이해하는 능력을 먼저 키운 다음에 표현력을 발달시킨다. 이 때문에 아이에게 다양한 언어를 들려주고 부모와의 상호작용을 많이 하는 것은 정말 중요하다. 특히 기계음보다 부모의 목소리를 들려주는 것이 효과적이고, 부모가 들려주는 독서 경험은 언어 발달에 큰 도움을 준다.

언어 발달이란 뇌의 단계적 발달이라고 해도 과언이 아니다. 이를 달리 말하면 언어가 발달한다는 것은 뇌의 다양한 영역을 활성화한다는 뜻이다. 무언가를 읽을 때 뇌의 여러 부분이 동시에 작동하고, 읽기가 끝난 후에도 뇌가 활성화된 상태가 유지된다. 이 때문에 읽기 능력을 키울 때는 뇌의 발달을 고려해야 한다.

연령별 필독서, 맹신하지 마라!

책을 읽히기 시작하면 '연령별 필독서'라는 말을 많이 접하게 된다. 뇌나 언어 발달에 맞춰서 해당 시기에 읽히면 좋은 추천 도서를 정리해 놓은 것이다. 유아 5세 필독서부터 초등, 중등, 고등 필독서, 생기부 필독서, 권장 도서까지, 꼭 읽어야 할 책처럼 여겨지는 경우가 많다. 물론 연령별 필독서나 권장 도서가 그 나이에 적합한 책일 가능성이 높다. 하지만 여기서 중요한 걸 놓치고 있다.

'책을 누가 읽는가?'

바로 우리 아이이다. 즉 불특정 다수의 발달에 입각해 만든 목록보다는 아이의 읽기 능력과 관심사에 맞는 책인지가 더 중요하다는 것이다.

실제로 같은 학년이어도 아이마다 읽기 수준은 천차만별이다. 아이의 읽기 능력 차이를 고려하지 않고 무조건 정해진 필독서를 읽히면 오히려 아이에게 부담이 될 수 있다. 자칫 잘못하면 책과 더 멀어지게 할 수도 있다. 더 이상 학년별 권장 도서라는 틀에 갇히지 말고, 아이의 읽기 단계와 능력에 맞는 책을 선택하자.

지금이 아이의 읽기 단계에 맞춘 독서를 시작할 때!

무엇보다 나이, 학년보다 읽기 단계에 집중한 독서가 아이의 읽기 능력을 키우는 데도 더욱 효과적이다. 아이의 읽기 능력을 제대로 파악하고, 그 능력에 맞는 책을 골라주자. 아이의 선호도를 파악하여 함께 읽으며 아이의 읽기 단계를 파악해야 한다. 아이의 수준에 맞는 책을 읽어야 읽기의 즐거움을 느낄 수 있고, 이 경험이 쌓이면 학습 능력까지 자연스럽게 발전한다.

읽기 능력은 물론 아이의 발달 단계와 밀접하게 연결돼 있다. 그러나 뇌나 언어 발달을 부모가 직관적으로 쉽게 알 수 있는 방법은 바로 읽기 경험을 함께하는 것이다. 아이와 함께 교감하며 여러 가지 책을 읽다 보면 자연스럽게 아이의 언어나 뇌 발달에 대해서도 알 수 있고, 읽기 단계 역시 저절로 깨닫게 될 것이다.

읽기 단계 알기, 학습과 성장을 위한 가장 중요한 첫걸음이다. 이제 나이, 학년에 맞추기보다, 아이의 읽기 단계에 맞춘 독서를 생각해야 할 때다.

그녀쌤의 기적 TIP

효율적인 독서 방법 7가지

1. 머리글과 차례를 반드시 읽는다.
- 책을 읽는 목적을 떠올리자. 머리글이나 차례에는 책의 내용이 함축되어 있다. 중심 주제를 알고 읽어나가면 이해가 더욱 쉽다.

2. 저자의 전개 방식을 지속적으로 확인한다.
- 저자마다 고유의 전개 방식이 있다. 저자만의 스토리텔링 기법에 익숙해지면 책을 이해하는 데 도움이 된다.

3. 스스로 묻고 답하며 읽는다.
- 능동적으로 읽는 습관이 생기면 독서 효과가 2배가 된다.

4. 사전과 함께 읽는다.
- 개념 파악이 안 되는 단어가 있다면 사전에서 확인하자. 어휘력을 향상시킬 수 있다.

5. 독서 중엔 시계를 보지 않는다.
- 시간을 정해 놓고 읽는 것이 아니라면, 시간을 제한하지 말고 읽자.

6. 편하고 익숙한 장소에서 독서한다.
- 익숙한 공간은 집중력을 높인다.

7. 무조건 정독이 답은 아니다.
- 참고하려 읽는 책을 정독할 필요는 없다. 목적에 따라 달리하자.

5.

우리 아이 읽기 단계 진단 기준 5

아이의 읽기 습관과 능력의 성장은 부모의 관심과 노력에서 시작된다. 아이가 제대로 책을 읽는 것처럼 보여도 실제로는 내용을 이해하지 못하거나 올바른 독서습관을 갖추지 못했을 수 있다. 책을 읽는 방식과 습관에 주목하고 읽기 능력 발달 단계를 파악하는 것이 중요하다.

이를 위해 가정에서 간단히 아이의 읽기 단계를 진단하고 올바른 방향으로 이끄는 방법을 소개한다.

읽기 능력 발달의 다섯 단계

1) 준비 단계(0~2세)

- 특징: 아이는 책을 스스로 읽지 못하지만, 그림과 소리를 연결하며 흥미를 보인다.
- 부모가 해야 할 일
  - 책을 보여주고 반응을 관찰한다.
  - 그림책의 그림을 가리키며 "이건 뭐야?"라고 물어보고 아이가 반응하는지 본다.
  - 아이를 품에 안고 책을 읽어주며 정서적 교감을 쌓는다.
- 간단 테스트: 아이가 그림을 가리키거나 소리에 반응하면 준비 단계에 해당한다.

2) 초기 읽기 단계(3~5세)

- 특징: 소리와 글자를 연결하며 간단한 단어를 인식하기 시작한다.
- 부모가 해야 할 일
  - 알파벳이나 한글 자음을 보여주며 소리를 물어본다.
  - 단순한 단어를 제시하고 의미를 연결하도록 유도한다.
  - 그림책을 읽으며 아이가 단어나 문장을 따라 읽는지 관찰한다.
- 간단 테스트: "이건 무슨 소리일까?"라는 질문에 반응하거나, 쉬운 단어를 따라 읽으면 초기 읽기 단계다.

3) 독립 읽기 단계(6~8세)

- 특징: 간단한 문장을 읽고 기본적인 내용을 이해할 수 있다.
- 부모가 해야 할 일
  - 간단한 동화책을 읽게 하고, 등장 인물이나 줄거리에 대한 질문을 던진다.
  - 읽은 후 "이 이야기에서 가장 기억에 남는 부분은 뭐야?"라고 물어본다.
- 간단 테스트: "강아지가 뛰어요." 같은 문장을 읽고 의미를 설명하면 독립 읽기 단계다.

4) 유창성 발달 단계(9~12세)

- 특징: 긴 문장을 읽고 이야기의 흐름을 파악한다. 다양한 장르의 책을 읽으며 이해력을 키운다.
- 부모가 해야 할 일
  - 아이가 읽은 내용을 바탕으로 "이 책에서 가장 중요한 내용은 뭐야?"라고 묻는다.
  - 논픽션이나 지식 책을 읽고 배운 점을 이야기하도록 유도한다.
- 간단 테스트: 책을 읽고 줄거리를 설명하거나, 새로운 단어를 문맥에서 추측할 수 있으면 유창성 발달 단계다.

5) 분석적 읽기 단계(13세 이상)

- 특징: 책의 구조와 내용을 비판적으로 분석하고, 저자의 의도를 파악하며 자신의 의견을 표현한다.
- 부모가 해야 할 일
  - "이 책의 저자가 전달하려는 메시지는 뭐라고 생각해?" 같은 질문을 한다.
  - 이야기의 결말에 대해 아이의 생각을 물어보며 논리적인 대화를 이어간다.
- 간단 테스트: 논픽션이나 문학 작품을 읽고 저자의 의도를 설명하거나, 이야기의 결말에 대해 비판적인 의견을 제시하면 분석적 읽기 단계다.

읽기 능력 진단 시 주의할 점 4가지

1) 아이 수준에 맞는 책 선택

- 학년이나 필독서보다는 아이가 흥미를 느끼고 이해할 수 있는 책을 선택한다. 너무 쉬운 책은 지루하고, 너무 어려운 책은 좌절감을 준다.

2) 부드러운 분위기 조성

- 진단이 아니라 자연스러운 대화와 독서 활동의 연장선으로 접근한다.

3) 긍정적인 피드백 제공

- 읽는 과정에서 실수나 더딤이 있어도 칭찬과 격려를 아끼지 않는다.

4) 반복적이고 주기적인 관찰

- 아이의 읽기 능력은 개인차가 크므로 정기적으로 관찰하고 진단한다.

읽기 능력 진단은 단순히 현재 수준을 알아보는 데 그치지 않는다. 이 과정은 아이가 책에 흥미를 느끼고, 스스로 독서를 즐기며 읽기 능력을 발전시키는 발판이 된다. 독서를 통해 사고력과 창의력을 키워가는 과정에서 부모의 꾸준한 관심과 적절한 지원은 필수적이다.

읽기 능력은 아이의 잠재력을 열어주는 중요한 도구다. 그 도구를 제대로 활용할 수 있도록 돕는 사람이 바로 부모다. 부모의 꾸준한 관심이 아이의 읽기 능력을 올바른 방향으로 이끈다.

그녀쌤의 기적 칼럼

성적 향상의 숨은 비밀, 바로 언어 능력입니다

우리 아이 성적을 높이고 싶으신가요?

많은 부모님들은 성적 향상을 위해 선행 학습이나 기초 지식 쌓기를 강조합니다. 하지만 아이의 성적을 좌우하는 더 중요한 요소는 바로 언어 능력입니다. 언어 능력이 뒷받침되지 않으면, 아무리 좋은 학습 자료를 주어도 아이가 스스로 공부하기 어렵습니다. 그래서 지금 우리 아이의 독서 수준과 독서 방법을 점검하는 것이 무엇보다 중요합니다.

언어 능력은 말과 글을 이해하고, 이를 통해 정보를 표현할 수 있는 능력을 말합니다. 쉽게 말해, 언어 능력은 읽기 능력과 사고력으로 나뉩니다. 공부를 잘하기 위해서는 이 두 가지 능력이 반드시 필요합니다. 교과서를 읽고 내용을 이해하는 것도, 배운 내용을 글로 정리하거나 말로 설명하는 것도 모두 언어 능력이 뒷받침되어야 가능합니다. 결국, 공부의 기본은 읽기 능력과 사고력에서 시작된다고 할 수 있습니다.

특히 읽기 능력은 글을 읽고 의미를 이해하는 능력으로, 단순히 글자를 읽는 것을 넘어섭니다. 교과서의 내용을 이해하고 문제를 풀어가는 힘, 소위 '공부머리'라고 불리는 능력의 핵심이 바로 이 읽기 능력입니다.

하지만 아이들은 성장 과정에서 여러 차례 읽기 위기를 겪습니다. 읽기 위기란 교과서의 언어 수준이 올라가는 속도를 아이의 읽기 능력이 따라가지 못할 때 발생하는 현상입니다. 학년이 올라갈수록 교과서의 내용이 어려워지는데, 아이의 읽기 능력이 이를 따라가지 못하면 성적이 떨어지는 이유가 됩니다. 이런 읽기 위기를 극복하지 못하면 학습 전반에서 어려움을 겪게 되죠. 따라서 아이가 읽기에 어려움을 느끼고 있다면, 지금의 학년과 나이에 얽매이지 말고 아이의 실제 언어 수준에 맞는 책을 선택하는 것이 중요합니다. 초등 1학년 수준의 읽기 능력을 가진 아이에게 고학년 수준의 책을 억지로 읽히는 것은 오히려 독서를 포기하게 만들 수 있습니다. 대신, 아이의 수준에 맞는 책부터 시작해 조금씩 난도를 높이는 단계별 독서를 실천해야 합니다. 또한, 읽기 능력이 정체된 고학년의 경우라면 적극적인 대처가 필요합니다. 읽기 열등 상태를 개선하려면 수준 독서, 눈높이 독서, 반복 독서를 활용하는 것이 효과적입니다. 수준 독서와 눈높이 독서는 아이의 현재 언어 능력에 맞춘 책을 주어 읽기 과정을 쉽게 만들어줍니다. 반복 독서는 연령에 맞는 책을 여러 번 읽어 내용을 완전히 이해하도록 돕습니다. 두 방식 모두 아이가 책을 스스로 읽고, 내용을 독해하며 점차 자신감을 키우는 것을 목표로 합니다.

읽기 능력은 하루아침에 좋아지지 않습니다. 아이가 글을 읽고 이해하는 과정을 반복적으로 경험해야 점차 향상됩니다. 언어 능력이 탄탄해지면 교과서의 내용을 이해하고 문제를 해결하는 힘도 자연스럽게 길러집니다. 성적 향상을 위해 지금 우리 아이의 독서 습관과 독서 능력을 점검해 보세요. 책을 읽는 아이는 스스로 학습할 줄 아는 아이로 성장할 수 있습니다.

성적은 단순히 공부를 많이 해서 오르는 것이 아닙니다. 그 밑바탕에는 언어 능력이 있습니다. 언어 능력은 아이가 교과서의 내용을 읽고 이해하며, 배운 것을 표현하고 문제를 해결하는 모든 과정에 스며들어 있습니다. 결국, 언어 능력이 탄탄한 아이는 학습의 기반이 단단해져 성적도 자연스럽게 따라오게 됩니다.

언어 능력을 키우기 위해 가장 중요한 것은 현재 아이의 수준에 맞는 책을 읽고, 이해하고, 생각하는 경험을 쌓는 것입니다. 읽기 능력과 사고력을 키워 나가는 과정에서 아이는 단순히 좋은 성적을 넘어, 스스로 공부할 수 있는 힘을 갖게 됩니다. 성적을 좌우하는 진짜 비밀은 언어 능력입니다.

2장

우리의 현실

우리 아이 독서,
이대로 괜찮을까?

TV프로그램이나 책에서 멋지게 책 육아에 성공하는 사례와는 달리, 우리의 현실은 불안하기만 하다. 보통의 학부모라면 책 육아를 하면서도 제대로 하고 있는 것이 맞는지 정보와 조언을 찾아다니기에 여념이 없을 것이다. 이 장에서는 우리의 현실을 짚어보며 쉽게 범하는 실수나 착각에 대해서 이야기해 본다.

1.

독서의 양에 집착하지 마라

무조건 많이 읽는 게 좋다고 믿는 엄마 승하 씨

오늘도 승하 씨는 책 육아를 위해 하루가 바쁩니다.

다양한 영역의 도서를 미리 선정해 두고 읽힙니다.

책을 많이 읽을수록 아이의 독서 능력과 지식이 풍부해질 것이라고 믿습니다.

그러나 한편, 독서의 양만 늘리는 게 맞는 건지 불안합니다.

책을 많이만 읽히는 게 독서 교육일까?

- 다독보다 '제대로 읽기'가 중요하다!

많은 부모들이 승하 씨와 비슷한 고민을 한다. 아이가 얼마나 많은 책을 읽는지가 독서 교육의 핵심이라고 믿으면서도, 한편으로는 이게 맞는 방향인지 확신하지 못하고 불안해하는 것이다. 그리고 이 불안을 잠재우기 위해 더욱 독서의 양에 집착한다.

"오늘은 다섯 권만 읽자."

"우리 소영이가 오늘은 세 권밖에 못 읽었네."

부모의 컨디션에 따라 책 읽기의 권수가 정해지고, 아이의 흥미와 집중력은 뒷전으로 밀린다. 독서의 양에 대한 압박은 스스로 책을 읽는 아이들도 피해갈 수 없다.

"오늘 몇 권 읽었니? 다섯 권? 잘했어!"

"매일 다섯 권씩 읽으면 주말에 영상 보여줄게."

"일주일 동안 빠지지 않고 세 권씩 읽으면 장난감 사줄게."

이런 방식으로 책 읽기를 권장하는 것은 아이를 '건성 읽기'로 내모는 지름길이다. 다독에 대한 보상에 길들여질수록 아이들은 책을 제대로 읽지 않고 건성으로 읽게 된다.

책을 많이 읽으면 독서 능력, 배경지식, 사고력, 논리력, 독해력 등 독서의 효과를 더 많이 빨리 볼 수 있을까? 단순히 많이 읽는 것만으로는 충분하지 않다. 책을 읽는 양보다 더 중요한 것은 어떻게 읽느냐, 그리고 얼마나 깊이 이해하느냐다.

승하 씨의 고민으로 돌아가 보자. 아이는 하루에 다섯 권씩 책을 읽었다. 처음에는 책 읽기를 좋아하며 적극적으로 참여했지만, 시간이 지나며 책의 내용을 건성으로 훑는 습관이 생겼다. 한 페이지를 읽고도 내용을 기억하지 못했고, 책을 읽는 시간이 지루하다는 말을 자주 했다. 이는 다독을 지나치게 강조한 결과다. 부모가 '얼마나 많은 책을 읽었는가'에만 집착한다면 아이의 독서는 기계적인 활동으로 전락한다.

그렇다면 아이가 책을 제대로 읽도록 하려면 어떻게 해야 할까?

❶ 아이가 흥미를 느끼는 책으로 시작하라

아이는 자신의 관심사가 담긴 책에 더 쉽게 집중한다. 예를 들어, 문자를 익히기 전의 아이라도 그림책에 흥미를 보인다면 그림의 한 장면을 보며 오랫동안 생각할 수 있도록 충분히 시간을 줘야 한다. 아이가 그림책의 특정 장면에 관심을 보인다면 부모는 성급하게 전체 이야기를 읽어주려 하지 말고, 특정 장면에 대해 함께 이야기를 나누는 데 초점을 맞추는 것이 좋다.

❷ 책 읽기의 의미를 되새겨라

다독이 항상 나쁜 것은 아니다. 많은 책을 읽으면 다양한 경험과 지식을 쌓을 수 있다. 하지만 독서 방법을 고려하지 않은 다독은 아이의 독서 습관에 큰 문제를 일으킬 수 있다. 책을 읽는다는 것은 단순히 문자를 해독하거나 페이지를 넘기는 활동이 아니다. 독서는 내용의 의미를 이해하고, 이를 바탕으로 사유하는 과정이다.

그러나 지나치게 다독만 강조하다 보면 많은 책을 읽어야 한다는 생각으로 권수에 매몰되는 문제가 생긴다. 중요한 의미를 파악하지 못하고 지나치는 경우가 많다. 쉽게 말해 자신도 모르는 사이에 건성 읽기 습관이 생길 수 있다. 건성 읽기의 대표적인 특징은 책을 읽으면서도 내용을 제대로 이해하지 못하거나, 책을 읽은 뒤에 내용이 기억에 남지 않는 것이다. 실제로 책을 읽는 흉내만 내며 텍스트의 의미를 파악하지 못하는 아이들은 대부분 유아기부터 단순히 책을 많이 읽어왔던 경우가 많다. 책 읽기에 단순한 양적 목표로 접근한 것이다.

다량의, 그리고 양질의 독서가 중요하다

아이의 독서에서는 질적인 접근이 필요하다. 아이가 책을 제대로 읽도록 하기 위해서는 다음을 명심해야 한다. 아이가 흥미를 느끼는 책을 선택해야 한다. 책의 내용을 함께 이야기하며 의미를 파악하게 해야 한다. 책의 권수보다는 아이가 한 권의 책에서 어떤 생각을 했는지, 무엇을 배웠는지에 집중하라. 책을 읽고 느낀 점을 함께 나누거나, 한 권의 책을 여러 번 읽으며 깊이 탐구하도록 유도한다면 독서는 단순한 활동을 넘어 아이의 삶에 영향을 미치는 경험이 된다.

독서는 단순히 많이 읽는 행위가 아니라, 책과 상호작용하며 배움과 성장을 이루는 과정이다. 다독을 목표로 한 책 육아는 아이를 독서의 본질에서 멀어지게 한다. 독서의 목적은 책을 통해 세상을 이해하고, 사고의 깊이를 더하는 데 있다. 부모는 아이의 독서에 이러한 본질을 심어주는 친절한 가이드가 되어야 한다. 양에 집착하지 말고 본질에 집중하자.

2.

책 선택, 아이의 손에 맡겨라

아이가 읽을 책을 직접 골라 권하는 기태 씨

다양한 영역의 책을 읽어야 아이의 발달에 도움이 된다고 믿는 아빠 기태 씨!
아이가 읽을 책을 골라놓고 출근합니다. 퇴근해서는 읽은 책을 확인합니다.
골라준 책을 읽지 않으면 아이가 재미있게 읽고 있는 책을 내려놓게 하고
아빠가 골라놓은 책을 권합니다. 아이는 독서가 즐거울까요?

부모의 기준으로 아이의 흥미를 가로막지 말자

- 문제 ① 부모가 선택한 책만 읽도록 강요한다!

- 문제 ② 책 읽기를 '해야 할 일'로 만든다!

부모는 종종 아이가 무엇을 좋아하고 어떤 책에 관심이 있는지를 잊어버리고 좋은 책을 선정해 읽히려는 데 몰두한다.

"이 책은 반드시 읽어야 해."

"오늘은 과학책 읽어보자. 어제는 동화책 읽었으니 오늘은 다른 영역으로 가보는 게 좋겠어."

"잠자기 전에는 세계 명작 동화를 들어야 해."

이처럼 부모가 정해둔 규칙에 따라 책을 읽는 아이는 책 읽기를 즐길 수 있을까?

부모가 필독서를 강조하거나, 특정 규칙을 강요하면 아이는 책 읽기를 좋아하지 않게 된다. 아이는 책 읽기를 의무로 받아들인다. 게다가 자신이 고른 책을 읽으려다 부모의 제지로 중단되고, 아이가 흥미를 느끼지 않는 책을 강요하면 아이는 책 읽기를 부담스러운 활동으로 여길 수 있다.

물론, 아이에게 좋은 책을 읽기를 원하는 바람은 모든 부모의 공통된 마음이다. 편독하지 않고 다양한 주제의 책을 접하게 하고 싶은 마음 역시 마찬가지다. 부모의 기준에서 '좋은 책'을 읽는 것은 분명 의미 있는 활동이다. 그러나 부모의 지나친 열정이 오히려 아이의 독서 흥미를 가로막을 수 있다.

책 읽기는 기본적으로 흥미와 관심에서 시작된다. 특히 책 읽기 습관이 형성되는 초기에는 무엇보다도 '재미있다'고 느끼는 게 중요하다. 그렇기 때문에 부모의 기준으로 고른 책이 아무리 훌륭하더라도 아이가 흥미를 느끼지 못하면 오히려 마이너스다. 그때부터 독서는 의무가 된다. 독서가 흥미로운 경험이 아니라 부모의 기준에 맞춰야 한다는 부담으로 변질되면, 아이는 책 읽기에서 즐거움을 찾을 수 없다.

아이가 주체가 되어야 진정한 독서의 기적이 찾아온다

책 읽기는 아이가 즐겁게 읽는 것에서 출발해야 한다. 아이가 흥미와 관심을 느끼는 책을 선택하면, 자연스럽게 책 읽기의 즐거움을 경험할 수 있다. 긍정적인 독서 경험은 책을 꾸준히 읽는 원동력이 된다. 따라서 부모는 아이가 스스로 책을 선택하도록 기회를 주어야 한다.

특히, 많은 부모가 필독서를 읽히는 것이 독서 교육의 핵심이라 믿는다. 하지만 부모의 기준으로 선정된 필독서를 억지로 읽게 하는 것은 아이의 책 읽기 흥미를 떨어뜨리는 주요 원인 중 하나다. 책 읽기에 익숙하지 않은 아이들에게는 특히 그렇다.

책 읽기의 주체는 부모가 아니라 아이임을 기억하자. 부모가 선택한 책이 아니라, 아이가 보고 싶은 책과 읽고 싶은 책이 우선되어야 한다.

책 선택, 아이의 손에 맡겨라

아이가 스스로 선택한 책을 재미있게 읽고 있다면 이렇게 말해보자.

"우와! 수아가 이 책을 정말 재미있게 읽고 있네! 아빠한테도 이 책이 얼마나 재미있는지 이야기해 줄래?"

아이가 책장 앞에서 책을 고르고 있다면 이렇게 물어보자.

"어떤 책이 좋아 보여? 아빠한테도 재미있는 책 하나 골라줘."

"태영이는 이 책이 왜 좋아? 어떤 점이 재미있어?"

이런 대화를 통해 아이는 자신만의 독서 경험을 자연스럽게 공유하고, 부모와 상호작용할 기회도 가지게 된다. 아이의 독서 흥미를 이끌어내기 위해서는 부모가 먼저 아이의 관심사를 이해하고 존중해야 한다.

책 읽기 습관이 형성되는 시기에는 아이가 좋아하는 책을 스스로 선택하게 하는 것이 가장 중요하다. 아이가 선택한 책을 읽으며 느낀 점을 부모와 공유하도록 독려하면, 아이는 책 읽기의 즐거움을 더 깊이 느낄 수 있다.

책을 직접 선택할 수 있도록 돕기 위해서는 다음을 기억하자.

❶ 아이의 관심사에 맞는 책을 추천하라.

– 아이가 동물에 관심이 있다면, 다양한 동물 이야기가 담긴 책을 제안하라.

❷ 부모의 기준보다 아이의 흥미를 우선하라.

– 아이가 선택한 책이 부모의 기준에서 덜 유익하더라도, 아이가 흥미를 느끼는 한 독서의 시작점으로 충분하다.

❸ 책 읽기에 자율성을 부여하라.

– 스스로 선택한 책을 읽는 경험은 아이에게 독립성과 책임감을 심어준다.

올바른 독서 습관의 시작은 자율성에서!

책 읽기를 즐기는 아이로 키우기 위해 부모는 책의 선택권을 아이에게 넘겨야 한다. 아이가 스스로 책을 고르고 읽는 경험은 긍정적인 독서 습관의 기초가 된다. 부모는 아이와 책에 대해 대화하며 책 읽기를 함께 즐기는 동반자가 되어야 한다.

책 읽기의 주체는 아이이며, 부모는 그 과정을 지지하고 함께하는 역할을 해야 한다. 아이가 책을 통해 세상을 즐겁게 탐구하도록, 책 선택의 자유를 아이의 손에 맡기자. 그래야 독서는 단순한 활동을 넘어 아이의 성장과 학습에 밑거름이 된다.

3.

부모가 독서의 본보기가 되어라

아이에게 책 읽기를 시키기만 하는 효정 씨

좋다는 책은 무조건 읽어야 한다고 생각하는 엄마 효정 씨!

아이에게 좋다는 전집을 잔뜩 구매해서

아이 앞에 책을 한가득 펼쳐놓고 아이에게 집중해서 보라고 합니다.

그런데 엄마는 거실로 가서 TV를 큰 소리로 켭니다.

우리 아이, 과연 책을 집중해서 잘 볼 수 있을까요?

부모가 독서의 본보기가 되어야 하는 이유

효정 씨는 아이에게 좋은 전집을 제공하지만, 아이가 스스로 책을 읽는 모습을 보지 않고 TV 시청에 몰입한다.

"엄마는 저기 있을 테니까, 이 책들 읽고 있어."

"선정이는 책 읽으라고 했지?"

아이는 TV를 보러 가는 부모를 보며, 부모가 책 읽기를 중요하게 생각하지 않는다는 인식을 갖게 된다. 이 때문에 책 읽기에 몰입하지 못하고, 책보다 부모가 하는 다른 활동에 관심을 가지게 된다. 무엇보다 독서가 의무적인 활동으로 느껴져 지속적인 책 읽기에 부정적인 영향을 준다.

좋은 책을 제공한다고 해서 아이가 저절로 그 책에 집중하는 것은 아니다. 부모가 좋은 의도를 가지고 책을 구매하고 권장하는 것과 실제로 아이가 책을 좋아하고 꾸준히 읽는 것은 전혀 다른 문제다. 아이가 책 읽기에 몰입하고 즐거움을 느끼기 위해서는 부모가 책 읽기의 본보기가 되어야 한다.

❶ 아이는 부모의 행동을 따라 배운다

아이들은 부모의 모습을 보고 행동을 학습한다. 부모가 책을 읽는 모습을 자주 보일수록, 아이는 자연스럽게 책 읽기를 중요한 활동으로 받아들인다.

"엄마가 책을 읽는 시간은 집중해야 하는 중요한 시간이구나."

이러한 메시지를 자연스럽게 전달하면, 아이도 책 읽기에 진지하게 접근하게 된다.

❷ 책 읽기에 대한 긍정적인 기억을 만든다

부모와 함께 책을 읽고 이야기를 나누는 시간은 아이에게 특별한 추억이 된다. 이러한 경험은 아이가 책 읽기를 즐겁고 의미 있는 활동으로 느끼게 한다. 이는 독서 습관 형성의 기초가 된다.

특히 부모가 책을 읽는 모습을 보이면, 자연스럽게 집 안의 독서 분위기가 형성된다. 아이는 책 읽기가 일상의 일부라는 점을 체감하게 되고, 독서를 삶의 일부로 받아들이게 된다.

책 읽기 본보기가 되는 방법 4가지

❶ 부모의 독서 시간을 정하라

- 아이와 함께 책 읽는 시간을 정해 규칙적으로 실천하라.
- 예시: “지윤아, 엄마는 8시부터 30분 동안 책을 읽을 거야. 너도 네가 좋아하는 책을 읽어볼래?”

❷ 아이와 함께 읽고 대화하라

- 책을 함께 읽고 아이와 이야기를 나누며 독서 경험을 공유하라.
- 예시: “진영이가 읽은 책에서 가장 재미있었던 부분은 뭐야? 엄마한테 이야기해 줄래?”

❸ 아이의 독서를 칭찬하라

- 아이가 책을 읽는 모습을 보며 긍정적인 피드백을 주어 독서에 대한 자신감을 키워줘라.
- 예시: "우리 소정이가 이 책을 정말 재미있게 읽는구나! 다음엔 어떤 책을 읽고 싶어?"

❹ 집 안에 책 읽기 공간을 마련하라

- 조용하고 아늑한 독서 공간을 마련해, 아이가 책을 읽는 데 몰입할 수 있도록 환경을 만들어라.

실패하지 않는 독서 습관은 부모가 만든다

아이를 스스로 책을 잘 읽는 아이로 키우고 싶다면, 부모가 먼저 좋은 독서의 본보기가 되어야 한다. 단순히 책을 제공하는 것으로 부모의 역할이 끝나는 게 아니다. 부모가 직접 책을 읽고, 아이와 이야기를 나누며 독서의 즐거움을 공유할 때, 아이는 책과 친해지고, 독서를 통해 성장할 수 있다.

부모의 작은 노력이 아이의 독서 습관 형성에 큰 변화를 가져온다. 부모가 책 읽기의 즐거움을 먼저 보여줄 때, 아이도 자연스럽게 책을 읽고 싶은 마음을 품게 될 것이다.

4.

독서, 시키지 말고 교감부터 하라

똑똑하게 키우려고 독서를 시키는 영효 씨

"우리 우정이는 책을 좋아해서 두 돌 전에 영어 알파벳과 한글을 읽기 시작했어요."

독서 영재라는 칭찬과 부러움의 시선에 영효 씨는 기분이 좋아요.

엄마의 아들 자랑은 오늘도 계속됩니다.

국어사전과 영어 사전까지 탐독하면 영재로 멋지게 자랄 수 있을까요?

조기 다독, 정말 영재를 만드는 지름길일까?

책을 많이 읽으면 똑똑해지고 영재가 될 것이라는 믿음은 널리 퍼져 있다. 이런 믿음 속에서 조기 다독 교육은 많은 부모들에게 매력적으로 다가온다. 그러나 지나치게 이른 시기에 과도한 다독을 시도하면 부작용을 초래할 수 있다.

특히 만 3세 이전의 아이는 감정 조절, 공감 능력, 충동 억제를 담당하는 변연계가 활발히 발달하는 시기다. 부모와의 정서적 교감이 무엇보다 중요한 이 시기에 정서적 안정을 배제한 채 책 읽기에만 초점을 맞추면, 아이는 사람들과의 정서적 유대가 부족해지고 심리적 불안을 겪을 가능성이 높아진다.

특히 뇌가 충분히 성숙하지 않은 상태에서 문자를 주입하면 아이는 의미를 이해하지 못한 채 단순히 문자를 기계적으로 암기하게 되는 '초독서증'을 경험할 수 있다. 이는 아이의 뇌 발달을 방해하고, 독서에 대한 흥미를 오히려 떨어뜨릴 수 있다. 무엇보다 아이가 책을 사랑하는 독서가로 자라는 데 걸림돌이 된다.

책을 읽는 것보다 중요한 것은 아이의 정서를 돌보고, 부모와의 상호작용을 통해 건강한 교감을 쌓는 것이다.

기적의 단계별 독서법, 그 핵심은 부모와 아이의 교감!

부모와 아이의 정서적 교감이 핵심이다. 책 자체를 목적으로 두지 말고 책을 도구로 활용해 아이와 교감하는 시간을 갖자. 이때 독서는 단순한 학습이 아니라 아이와 부모가 함께 성장하는 소중한 경험으로 자리 잡는다.

책 읽기가 아무리 중요하더라도 아이의 정서적 안정과 교감이 먼저다. 무조건적인 주입식 독서 교육보다 아이와 대화하며 공감하고 소통하는 것이 더 효과적이다. 책 읽기를 하더라도 일방적으로 읽어주는 방식이 아니라, 아이와 상호작용하며 책을 소통의 도구로 활용해야 한다.

“엄마랑 책 읽자.”라는 말 대신 이렇게 말해보자.

"엄마랑 놀까?"

"아빠랑 무엇을 할까?"

이런 대화를 통해 아이와 시간을 보내야 한다. 그리고 아이가 책에 관심을 보이면 아이의 관심사에 따라 혼자 읽게 두는 것이 아니라 부모와 아이가 함께 읽어야 한다. 책을 함께 읽었다면 책의 내용을 일상생활과 연결 지어 대화를 나누며 책 속 이야기를 확장하는 방법도 좋다. 무엇보다 아이가 관심을 보이는 활동을 함께 하며 자연스럽게 책과 연결 짓는 것이 좋다.

책을 통해 아이와 정서적으로 소통하며, 긍정적인 독서 경험을 쌓아주어야 한다. 책이 다양한 배경지식을 채워주고, 아이를 영재로 만드는 가장 빠른 길이라는 고정관념에서 벗어나자.

독서보다 부모와의 교감이 먼저다

아이에게 진정 필요한 것은 책이 아니라 부모와의 건강한 교감이다. 책 육아는 아이의 성장을 돕는 도구일 뿐, 교감 없는 책 읽기는 오히려 아이의 정서를 해칠 수 있다. 책 육아의 첫걸음은 부모와 아이가 함께하는 따뜻한 교감에서 시작되어야 한다.

부모가 먼저 책 읽기의 좋은 본보기가 되고, 아이와의 교감을 우선으로 생각하는 책 육아를 실천하자. 이것이 아이를 독서와 성장의 길로 이끄는 진정한 시작이다.

이제 조바심을 내려놓고 아이와 함께 시간을 보내라.

그것이 책을 사랑하는 아이로 키우는 첫 번째 방법이다.

5.

아이 발달 단계에 맞아야 성공한다

책만으로 한글 교육이 가능하다고 생각하는 희정 씨

"책을 읽어주면 한글을 다 뗄 수 있어."

육아 선배들의 조언을 듣고 엄마 희정 씨는 시기를 기다리고 있어요.

책 읽기를 하다 보면 저절로 시기를 만나고,

결국 한글 떼기를 성공할 수 있을까요?

책만으로 한글 교육 가능할까?

- 한글 교육의 적기는 아이마다 다르다!

한글 교육의 적기는 아이가 한글에 관심을 보이기 시작할 때다. 책을 보며 "이건 무슨 글자야?"라고 묻거나, 글자에 대한 호기심을 보이는 순간이 바로 신호다.

아이의 발달 단계는 피아제의 인지 발달 이론에서도 강조된다. 3~5세의 전조작기에는 추상적인 문자 개념이 머릿속에 잘 형성되지 않는다. 이 시기의 아이들은 글자를 그림처럼 외우는 수준에 머무르기 쉽다. 하지만 6~7세가 되면 구체적 조작기로 넘어가며 글자의 원리를 이해할 수 있게 된다.

예를 들어, 'ㄱ'과 'ㅏ'를 합치면 '가'가 되고, 이를 다른 단어에 적용할 수 있는 사고가 가능해진다. 따라서 구체적 조작기에 한글 교육을 시작하면 효율적이다.

이런 발달 단계의 특성을 이해하고 기다리는 것도 중요하지만, 우리 아이의 발달 단계에 맞게 책 육아를 하는 것이야말로 정말 중요한 포인트다. 아이의 발달은 개인차가 크다. 모든 아이가 같은 시기에 한글에 관심을 가지는 것도 아니다.

우리 아이의 발달을 관찰하고, 그에 맞게 대처하라

왜 책을 읽히는가? 왜 책 육아를 하는가?

그 목적이 '한글 떼기'인 부모가 있을까? 책 육아의 본질을 다시 생각해 보자.

책 육아는 단순히 책을 많이 읽는 것, 한글을 빨리 떼는 것에 있지 않다. 아이의 발달 단계를 이해하고 그에 맞는 접근을 하는 것이 핵심이다. 부모는 아이의 발달을 꾸준히 관찰하고, 필요한 시점에 적절한 도움을 주어야 한다. 한글 교육도 다르지 않다.

아이마다 발달 속도와 관심이 다르기 때문에 한글 교육은 조급하게 접근해서는 안 된다. 발달이 늦은 아이의 경우, 전조작기 수준에 머무르며 글자를 인식하지 못하거나 단어를 조합하지 못할 수 있다. 아이의 발달이 늦다는 것을 인지했다면, 조급함을 버리고 장기적인 관점에서 접근해야 한다. 무조건 따라 쓰기를 강요하거나 억지로 학습을 시키는 것은 오히려 아이를 지치게 할 뿐이다. 구체적 조작기로 넘어가지 못한 상태에서 글자를 익히려 하면 좌절감을 느끼거나 흥미를 잃게 될 수 있다.

따라서 부모는 아이의 발달 단계를 존중하며, 꾸준히 반복적으로 학습하도록 도와야 한다. 한글을 가르칠 때는 아이가 흥미를 느낄 수 있는 방법을 활용해야 한다.

- 시각적 자료와 조작 활동: 글자 결합과 분리를 보여주는 입체적인 자료나 책을 활용한다.
- 구체적 상황 제공: 구체적인 이미지를 통해 글자와 단어를 연관 짓게 한다.
- 영상 프로그램 활용: 아이가 글자를 직관적으로 이해하도록 돕는다.
- 한글 교육은 꾸준함과 반복이 필요하다. 아이가 쉽게 이해할 수 있도록 자음과 모음을 결합하거나 단어를 분리하는 연습을 지속적으로 해야 한다.

발달에 맞는 기적의 단계별 독서법이 성공의 열쇠다

단순히 책을 읽어주는 것만으로 한글 교육이 완성될 것이라고 기대해서는 안 된다. 한글 교육이 목표라면 다른 효율적인 학습 방법을 병행해야 한다.

책 읽기의 목표는 아이가 읽기를 즐기고, 생각하며, 스스로 배울 수 있는 기반을 만드는 것이다. 아이의 어휘력, 이야기 구조에 대한 이해, 의미 파악 능력을 키우는 데 목적이 있다. 이런 능력은 단기간에 만들어지지 않는다. 오랜 시간 동안 꾸준히 누적되며, 기초를 이룬다. 책 읽기를 통해 아이는 어휘력, 이야기 구조에 대한 이해, 사고력과 같은 더 넓은 영역에서 발전한다. 이러한 능력은 독해력으로 이어져 학교 생활과 학습 전반에 중요한 영향을 미친다.

아이의 발달 단계를 파악하고 맞춤형 접근을 하자. 한글 교육뿐 아니라 독서의 본질적인 의미를 되새기며, 아이와 함께 성장하는 책 육아를 실천하자.

그녀쌤의 기적 칼럼

아이들이 책을 멀리하는 진짜 이유는 뭘까요?

우리 아이는 왜 책을 읽지 않을까요?

혹시 부모님의 기대가 아이를 책에서 멀어지게 한 것은 아닌지 돌아볼 필요가 있습니다. '내년 교과서에 실린 책이니까', '필독 도서니까', '고전이니까'라는 이유로 아이에게 책을 읽히진 않으셨나요? 이런 책들이 분명 가치가 있긴 하지만, 아이의 흥미와 취향을 무시한 채 부모님의 관점으로만 선택된 책은 아이에게 부담으로 다가올 수 있습니다.

아이에게 책은 배움의 도구일 수도 있지만, 무엇보다 흥미를 느끼고 즐기는 대상이어야 합니다. 배우는 목적이 아니라면, 아이가 좋아하는 주제와 관련된 책을 선택하도록 도와주세요. 예를 들어, 동물을 좋아하는 아이라면 동물에 관한 이야기 책, 스포츠에 관심이 많은 아이라면 스포츠와 관련된 책을 읽게 해보세요. 아이가 스스로 선택한 책을 읽는 경험이 독서 습관 형성의 첫걸음이 됩니다.

우리 집의 환경은 아이가 책을 읽기에 적합한 환경일까요?

책이 없거나, 독서를 할 수 있는 편안한 공간이 없는 것은 아이가 책을 멀리하는 주요 이유 중 하나입니다. 무조건 많은 책을 사서 쌓아두라는 이야기가 아닙니다. 대신 아이가 관심을 가질 만한 책 몇 권과 함께, 책을 읽기에 적합한 조용하고 편안한 공간을 만들어주세요. 아이가 '이곳은 내가 책을 읽고 싶어지는 곳'이라고 느끼는 환경이 중요합니다.

책을 읽지 않는다고 다그치거나 잔소리를 하는 것은 피해야 합니다. 아이에게 책 읽기는 즐거움이어야지, 의무나 벌처럼 느껴져서는 안 됩니다. 책을 읽는 도중에 집중하지 못하거나 산만해지더라도 혼내기보다는 잠시 쉬게 하거나, 다른 책으로 관심을 돌려보세요. 또, 아이가 책을 읽고 나서 줄거리나 느낀 점을 말하게 하려고 억지로 독후 활동을 강요하지 마세요. 이런 활동은 아이가 책을 더 멀리하게 만드는 주된 원인 중 하나입니다.

만약 아이가 또래에 비해 지나치게 산만하거나 집중하지 못한다면, 난독증이나 ADHD와 같은 문제를 의심해 볼 필요도 있습니다. 단순히 '아직 어려서 그렇다.'라고 넘기지 말고, 아이를 세심하게 관찰하고 필요하면 전문가의 도움을 받아보세요. 아이가 책을 멀리하는 이유를 정확히 파악하는 것이 가장 중요합니다.

결국, 아이들이 책을 읽지 않는 이유는 단순히 게으르거나 싫어해서가 아닙니다. 환경, 관심사, 심리적 요인 등 다양한 이유가 아이와 책 사이의 거리를 만들어냅니다. 아이가 책과 자연스럽게 친해질 수 있도록, 무엇보다 그 과정을 존중하고 기다려주세요. 아이가 책 읽기의 즐거움을 알게 되면, 그때부터 독서는 아이의 삶 속에 스며들 것입니다.

3장

독서 전략

공부머리 키우는 기적의 단계별 독서법 8단계

독서는 누구나 쉽게 시작할 수 있지만, 제대로 실천하려면 전략이 필요하다. 기적의 단계별 독서법은 읽기의 즐거움과 효과를 극대화하기 위한 체계적인 접근 방식이다. 독서는 듣기에서 시작해 비판적 사고와 자기화로 이어지는 여정이다. 이 과정은 연령별, 발달 수준에 따라 개인차가 있지만 아이부터 어른까지 모든 사람에게 적용할 수 있는 성장의 도구이다.
이 장에서는 연령별, 발달 수준에 맞는 독서법을 제안하여 누구나 자신의 독서 여정을 성공적으로 이끌 수 있도록 돕고자 한다.

1.

마음가짐

: 믿음으로 기다려라

기적의 단계별 독서는 기다림이자 믿음이다

독서는 단순히 책을 읽는 행위가 아니라, 인지 발달과 언어 능력의 성장에 따라 단계적으로 발전해 나가는 과정이다. 이 과정에서 가장 중요한 것은 바로 기다림과 믿음이다.

모든 아이는 저마다의 발달 속도를 가지고 있다. 아이들의 개별 성장 발달 속도가 다르듯이 독서에도 단계가 있음을 인지해야 한다. 어떤 아이는 그림책에 흥미와 관심을 가지지만, 다른 아이는 글자에 일찍 관심을 가질 수 있다. 이런 차이를 인정하고 기다려야 아이에게 맞는 기적의 단계별 독서에 성공할 수 있다.

아이가 자신의 발달 속도에 맞춰 독서 단계를 차근차근 밟아갈 수 있도록 돕는 일은 부모와 교육자의 중요한 역할이다. 부모와 교사의 기다림은 아이가 스스로 독서의 즐거움을 느끼고 주도적으로 읽고 싶어지는 계기를 만든다. 부모와 교사의 기다림은 단순히 시간적 여유를 주는 것이 아니라, 아이가 독서의 즐거움을 스스로 발견하고 독립적인 독서 습관을 형성하는 데 필요한 심리적 · 환경적 기반을 제공한다. 이러한 과정은 궁극적으로 아이가 자기주도적 학습 능력을 갖추게 하는 중요한 기초가 된다.

독서는 성장의 여정이다. 독서 능력은 태어날 때부터 갑자기 갖추어지는 것이 아니라, 듣기, 보기, 이해하기, 말하기, 읽기와 같은 복합적인 과정으로 이루어진다. 이 여정은 각 단계를 건너뛰지 않고 자연스럽게 연결될 때, 아이가 독서를 통해 진정한 즐거움과 배움을 경험할 수 있다. 유아기에는 단순히 책을 듣고 그림을 보는 과정이지만, 이 시기의 경험이 이후 읽기와 독해로 발전하는 토대가 된다. 아이가 한 단계를 충분히 이해하지 못한 채 다음 단계로 넘어가면, 독서에 대한 흥미를 잃거나 좌절감을 느낄 가능성이 높아진다. 따라서 각 단계에서 적절한 피드백을 제공하며 아이가 즐겁게 독서를 이어가도록 돕는 것이 중요하다.

독서를 단계적으로 진행한다는 것은 인내심을 가지고 아이의 성장을 지켜보며, 그 과정에서 적절한 자극을 제공하는 것을 의미한다. 이때 부모나 교사가 아이를 믿고 기다리는 과정이 중요하다.

아이의 독서 과정에 과도하게 개입하거나 조급해 하지 않고, 아이의 속도와 관심을 존중하기

- 예시: 부모가 책을 고르는 대신 아이가 도서관에서 스스로 책을 고르도록 유도한다.
  교사가 아이에게 "네가 좋아하는 책을 한 권 찾아볼래?"라고 말하며 선택권을 준다.

아이가 자신의 관심사에 맞는 주제를 발견하고, 이를 탐구할 수 있는 시간을 주기

- 예시: 과학에 관심이 많은 아이에게 관련 책을 보여주며 "너는 어떤 내용이 궁금해?"라고 물어 자발적 탐구를 격려한다. 아이가 한 주제를 깊이 탐구할 때, 부모는 질문하거나 조언하는 대신 지켜본다.

아이의 독서 발달 속도를 강요하지 않고, 읽기 능력을 인정하기

- 예시: 읽기 속도가 느린 아이에게 "천천히 읽어도 괜찮아. 중요한 건 재미있게 읽는 거야."라고 격려한다. 아이가 반복해서 같은 책을 읽더라도 이를 지지하며 자연스럽게 다른 책에 관심을 가질 수 있도록 유도한다.

스스로 질문을 던지고 답을 찾는 태도를 길러주기

- 예시: "이 책에서 어떤 부분이 가장 재미있었니?"와 같은 질문으로 아이가 책의 내용을 스스로 생각하며 돌아보게 한다. 아이가 한 질문을 더 깊이 탐

구하고 싶어 할 때, 관련 자료나 책을 함께 보거나 원하는 경우 좀 더 자료를 제공해 주며 지지해야 한다.

책을 읽은 후 다른 책으로의 호기심이 이어지는 과정에서 긍정적 피드백을 제공하기

- 예시: "주인공이 정말 용감하고 똑똑했지?", "네가 말한 그 장면이 정말 재미있었어.", "너는 어떤 좋은 아이디어를 떠올릴 수 있을까?"

작은 성취라도 칭찬하기

- 예시: "오늘 책의 첫 페이지를 혼자서 읽었구나! 정말 멋져!"

흥미를 유지하며 다음 단계로 나아갈 동기를 부여하기

- 예시: "네가 오늘 읽은 이야기는 주인공이 아주 용감했어. 네 생각은 어땠니?"

독서 과정에서 느낄 수 있는 혼란이나 어려움을 조기에 발견하고, 올바른 방향으로 안내하기

- 예시: "이 단어는 조금 어려웠지? 다시 한번 소리 내서 천천히 읽어보자."

기적의 단계별 독서법, 2가지 핵심 마음가짐

-'기다림'이라는 마음가짐, 그리고 피드백이라는 지원

기적의 단계별 독서법은 단순히 아이를 독서의 길로 인도하는 것이 아니라, 그 여정을 함께 걸으며 성장의 순간을 나누는 것이다. 기다림은 아이가 각 단계에서 느끼는 즐거움을 온전히 누릴 수 있도록 하는 배려이며, 믿음은 아이의 가능성을 끝까지 신뢰하는 마음이다.

기다림은 단순히 방관이 아니다. 아이가 선택하고 성장할 수 있도록 세심하게 관찰하며 필요할 때 적절히 도와주는 행위이다. 이 과정에서 아이는 독서를 자기만의 도구로 삼아, 스스로 세상을 탐구하고 배우는 힘을 얻게 된다. 독서의 여정에서 기다림은 아이가 스스로 독서의 즐거움을 발견하고 성장할 수 있도록 환경을 조성하는 기본적인 태도이다. 부모의 기다림은 아이가 독서에 대한 자연스러운 흥미를 키울 수 있게 한다. 각자의 리듬에 맞게 적응할 수 있도록 돕는 과정이다. 이를 통해 아이는 독서를 강요된 활동이 아닌 스스로 선택한 즐거움으로 받아들이게 된다.

여기에 부모나 교사의 적절한 피드백이 더해지면, 아이는 독서 과정에서 자신감을 얻고, 독서를 통해 언어와 사고 능력을 더욱 효과적으로 발전시킬 수 있다. 기적의 단계별 독서에서 적절한 피드백의 역할은 각 독서 단계와 아이의 발달 수준에 맞춘 맞춤형 지원을 제공하는 데 있다.

적절한 피드백을 할 때 주의해야 할 점이 있다면 비판 대신 격려가 우선이라는 것이다. 아이의 잘못된 점을 지적하기보다는 긍정적인 부분을 강조하며 아이가 독서에 대한 자신감을 잃지 않도록 해야 한다. 작은 성취에 대한 칭찬을 통해 독서에 대한 자신감을 형성할 수 있다.

피드백은 아이가 자신의 독서 능력을 긍정적으로 인식하게 돕는 강력한 도구이다. 이는 독서를 단순히 읽는 행위에서 배움의 도구로 확장하는 계기가 된다. 무엇보다 아이의 독서 단계와 발달 수준에 맞는 피드백을 제공해야 한다. 과도한 기대는 아이에게 부담을 줄 수 있기 때문이다. 아이의 독서 과정을 지켜보며 적절한 피드백을 해야 한다.

그러나 피드백을 너무 자주 제공하면 아이가 스스로 독서 과정에서 느끼는 즐거움을 방해할 수 있다. 따라서 적정한 간격을 유지하고, 적당한 타이밍을 선택해서 피드백해야 한다.

독서는 마치 씨앗을 심는 것과 같다. 씨앗이 발아하려면 충분한 시간과 영양, 그리고 적절한 환경이 필요하듯, 독서 능력도 각 단계에서 부모와 교사의 기다림과 믿음을 통해 자연스럽게 성장한다. 아이의 발달을 존중하며 기적의 단계별 독서를 꾸준히 실천할 때, 아이는 독서를 통해 새로운 세상을 발견하고 자신만의 성장 스토리를 써 내려갈 것이다.

2.

체계 이해

: 조급해 하지 마라

독서는 독자(읽는 이)의 발달 과정과 학습 속도에 맞춰 단계적으로 이루어져야 한다. 이는 단순히 책을 많이 읽는 것이 아니라, 각 단계를 통해 독서의 기초를 쌓고, 사고력과 이해력을 점진적으로 확장하는 과정이다. 기적의 단계별 독서를 건너뛰거나 두 계단씩 오르면, 독서의 즐거움과 학습 효과를 온전히 누리지 못하고 오히려 독서에 대한 흥미를 잃을 위험이 있다.

각 독서 단계에 근거하여, 왜 순서를 지켜야 하는지 정리해 보겠다.

1) 기적의 단계별 독서로 순서를 지켜야 하는 이유

❶ 기초가 튼튼해야 성장이 가능하다

독서의 각 단계는 다음 단계로 나아가기 위한 필수적인 기초를 제공한다. 기초를 생략한 채 높은 수준의 독서를 시도하면, 독자는 내용을 이해하지 못하거나 좌절감을 느낄 수 있다.

- 예시: 문자해독 단계를 충분히 거치지 않고 유창하게 읽기 단계로 넘어가면, 단어의 소리와 의미를 연결하지 못해 읽기에 어려움을 겪는다.

❷ 독서 습관과 자신감을 키운다

각 단계에서 작은 성공을 경험하며 자신감을 쌓아야 독서의 즐거움을 느낄 수 있다. 단계를 건너뛰면 독서가 어려운 과제로 느껴지고 흥미를 잃을 가능성이 높다.

- 예시: 유아기에 듣기 활동으로 책과 친숙해지지 않은 아이는 문자 해독기에 책을 부담스럽게 느낄 수 있다.

❸ 자연스러운 발달과 학습의 흐름

각 단계는 언어, 사고, 창의력 발달의 자연스러운 흐름을 따른다. 이 흐름을 건너뛰면 독서와 학습 전반에서 결손이 발생한다.

- 예시: 사실적 독해 단계를 충분히 거치지 않고 추론적 독해로 넘어가면, 글의 맥락과 배경을 파악하지 못한 채 결론을 도출하려 해 오류를 범할 수 있다.

2) 기적의 단계별 독서의 주요 과정과 특징

❶ 유아기 독서: 듣기에서 시작된다(읽기 전 단계)

- 특징: 부모와 함께 책을 읽으며 듣기의 즐거움을 경험하는 시기이다.
- 필요성: 언어의 리듬과 문장 구조를 익히며, 독서의 첫 단추를 끼우는 시기이다.

- 문제: 이 단계를 건너뛰면 책과의 관계 형성에 실패하여 이후 독서 습관 형성이 어렵다.
- 예시 도서: 『구름빵』, 『강아지똥』

❷ 초기 읽기: 문자 해독으로 언어를 학습한다(독서의 기초)

- 특징: 글자와 소리를 연결하며 단어를 읽는 능력을 키우는 시기이다.
- 필요성: 글자를 보고 소리 내며 읽으며 기초 능력을 쌓는다.
- 문제: 글자와 소리를 연결하지 못하면 단어와 문장을 이해하는 데 어려움을 겪는다. 쓰기에도 어려움을 겪는다.
- 예시 도서: 『토끼와 거북이』, 『욕심쟁이 딸기 아저씨』

❸ 유창하게 읽기: 읽기에 자신감을 키운다

- 특징: 문장을 자연스럽게 연결하며 읽는 능력이 향상되고 글을 이해할 수 있다.
- 필요성: 읽기의 속도와 정확성을 높이고, 글의 의미를 자연스럽게 이해한다.
- 문제: 유창하게 읽는 경험이 부족하면 글의 흐름을 이해하지 못하고 독서에 흥미를 잃는다. 독해 단계로 나아가는 단계이며 사실적 독해가 가능하지 않으면 다음 단계의 독서 진입이 힘들다.
- 예시 도서: 『으악, 도깨비다』, 『연필 도둑 한명필』, 『초대받은 아이들』, 『화요일의 두꺼비』

❹ 독해 단계: 진짜 읽기를 시작한다

- 특징: 글의 내용을 파악하고 중심 메시지를 이해하며 학습의 즐거움을 발견하는 단계이다.
- 필요성: 독자의 학습 능력을 키우고 사고력을 발달시키는 중요한 기초이다.
- 문제: 글의 내용을 정확히 이해하지 못하면 독서의 그 다음 단계로 나아갈 수 없다. 진짜 읽기가 되어야 다음 단계 진행이 가능하므로 이 단계가 제대로 수행되지 못하면 추론적 독해나 비판적 독해로의 전환이 어렵다.
- 예시 도서: 『서프라이즈 가족』, 『숨 쉬는 도시 꾸리찌바』

❺ 고급 독해: 다양한 관점에서 읽는다

- 특징: 텍스트의 숨은 의미를 파악하고, 비판적으로 평가하며 자신의 의견을 형성한다.
- 필요성: 글을 깊이 탐구하고 다양한 관점에서 해석하는 능력을 키운다.
- 문제: 사실적 독해 없이 바로 고급 독해로 넘어가면 텍스트의 핵심을 놓치고 비판적 사고를 발달시키지 못한다.
- 예시 도서: 『모비딕』, 『제인 에어』, 『괭이부리말 아이들』, 『무기 팔지 마세요』

❻ 독서 전략기: 스스로 찾아서 읽는다

- 특징: 읽은 내용을 자기화하며 새로운 관점으로 재구성한다.
- 필요성: 독립적 학습과 창의적 사고를 통해 독서의 최종 목표를 달성할 수 있다.

- 문제: 창의적 사고와 자기화 없이 독서를 끝내면, 단순한 정보 습득에 머물러 자기주도적 학습이 이루어지지 않는다.
- 예시 도서: 『갈매기의 꿈』, 『동물농장』, 『물고기는 존재하지 않는다』

기적의 단계별 독서법, 건너뛰면 왜 안 될까?

❶ 독서에 대한 흥미 상실

독서가 쉽고 즐거운 경험이어야 할 초기 단계에서 건너뛰거나 과도한 난도의 텍스트를 접하면 독서 자체를 거부하게 될 수 있다.

❷ 학습 결손 발생

각 단계에서 다루어야 할 기술과 이해가 생략되면 이후 독서와 학습 전반에서 결손이 발생한다.

❸ 추론, 비판적 사고와 창의적 사고의 부재

고급 독해 단계에 필요한 사고력은 이전 단계에서 축적된 경험을 바탕으로 이루어진다. 이를 건너뛰면 깊이 있는 사고와 창의적 접근이 어려워진다. 순서대로 발달한다는 사실을 기억해야 한다,

❹ 독립적 학습 태도 형성의 실패

독립적으로 책을 읽고 새로운 시각으로 재구성하는 능력은 단계를 거치며 형성된다. 이를 생략하면 자기주도적 학습으로 이어지지 못한다.

기적의 단계별 독서는 단순히 독서가 중요하다고 해서 책을 읽는 행위가 아니다. 독자의 언어 능력과 사고력을 자연스럽게 발달시키며, 독서의 즐거움을 극대화한다. 또한 사유의 독서이자 학습과 성장의 핵심 도구이다. 이를 통해 아이들은 더 나은 학습 능력과 사고력을 갖추고, 문제 해결력과 창의적 사고로 나아갈 수 있다. 아이의 발달 단계에 맞는 독서를 꾸준히 이어 간다면 공부머리뿐 아니라 평생 학습의 기초를 다지는 데 성공할 것이다. 서두르거나 건너뛰면 독서에서 얻는 배움과 성장이 반감되고, 독서에 대한 자신감을 잃게 될 가능성이 크다.

다시 한번 명심하라. 독서는 기다림과 믿음의 과정이다. 각 단계를 충분히 경험하며 차근차근 나아갈 때, 독자는 진정한 독서의 기쁨을 느끼고 학습과 삶에서 스스로 성장할 수 있는 힘을 얻을 수 있다. 책을 읽는 주체, 즉 독자에게 맞는 기적의 단계별 독서가 '공부머리를 만드는 독서법'이라는 사실을 명심하자.

3.

읽기 전
: 유아 독서, 듣기부터 시작하라

유아기의 독서는 듣기로 시작한다

듣기는 아이가 세상과 연결되는 첫 번째 언어 활동이다. 특히 유아기 아이들에게 듣기는 독서와 학습의 출발점이자 중요한 기초를 제공한다. 이 시기는 아이가 스스로 글자를 읽기 전에 부모나 보호자가 책을 읽어주는 경험을 통해 언어의 리듬, 문장 구조, 새로운 어휘를 자연스럽게 익힌다.

유아기의 독서는 단순히 책을 읽어주는 행위를 넘어, 부모와 아이가 함께 감정을 나누고 상호작용하는 소중한 시간이다. 이 시기에 부모가 읽어주는 책은 단순한 이야기를 전달하는 것을 넘어, 아이의 언어와 사고력, 정서적인 안정감을 키우는 특별한 역할을 하고, 독서와 학습의 발판을 마련하는 핵심 요소이다. 이렇게 언어와 이야기의 기초를 쌓는 시기이며 읽기 전 단계라고 한다.

언어 학습의 첫걸음, 제대로 시작하자

읽기 전 단계에서 아이는 글자를 해독하거나 책을 스스로 읽지 못하기 때문에 듣기를 통해 언어를 배우고, 이야기에 몰입하게 된다. 이 과정에서 부모나 보호자가 책을 읽어주는 시간은 아이에게 다음과 같은 기초를 제공한다.

❶ 언어의 구조 이해

반복되는 문장과 이야기 속 패턴을 듣는 동안, 아이는 언어의 기본 구조(주어, 동사, 목적어 등)를 배우게 된다.

- 예시: '강아지가 공을 물었어요.'와 같은 문장을 듣고, 주인공과 행동, 대상 간의 관계를 이해한다.

❷ 어휘력 확장

이야기를 듣는 동안 아이는 평소 접하기 어려운 새로운 단어와 표현을 자연스럽게 학습하게 된다. 이것은 억지로 학습하는 것과는 다른 개념이다.

- 예시: 『달님 안녕』을 읽으며 '달님'이나 '작별'과 같은 단어를 배우게 된다.

❸ 리듬과 억양 감각 습득

책 속의 문장 억양과 리듬을 듣는 경험은 아이가 언어의 감각을 익히고, 나아가 발음을 배우는 데 도움을 준다.

- 예시 : 『곰 사냥을 떠나자』 책을 읽으며 부모가 책 속의 반복 구절을 읽을 때

는 억양을 강조한다.

- 예시: "우린 곰 사냥을 떠나자."를 천천히 읽고, "멋진 곰을 잡으러 가요!"를 리듬감 있게 빠르게 읽는다. 아이와 함께 손뼉을 치거나 발을 구르며 리듬에 맞춰 읽으면 언어의 억양과 리듬을 자연스럽게 체득할 수 있다.

듣기 활동으로 상상력과 이야기 이해력이 발달한다!

읽기 전 단계의 듣기 활동은 단순히 언어를 배우는 것을 넘어, 아이의 상상력과 이야기 이해력을 자극한다. 그림책을 읽어주는 동안 부모는 아이가 이야기에 몰입할 수 있도록 상호작용을 유도하며, 이 과정에서 아이는 상상의 세계를 탐험하게 된다.

- 예시: 『구름빵』 책을 읽으며

  "구름빵을 먹으면 하늘을 날 수 있었잖아. 만약 네가 구름빵을 먹는다면 어디로 날아가고 싶어?"

  "나는 우주까지 갈 거예요! 거기서 별을 볼래요!"
- 효과: 책 속 이야기의 배경을 넘어, 그림 속 요소로 이야기를 확장하며 아이의 개인적인 상상을 탐구하는 기회를 제공한다.

듣기는 저절로 읽기로 이어진다!

읽기 전 단계의 듣기 경험은 이후 독서 습관 형성의 기초가 된다. 아이가 부모나 보호자의 음성을 통해 이야기의 즐거움을 느끼고 책의 내용을 이해하는 경험을 반복하면, 스스로 글자를 읽고자 하는 동기가 생긴다.

듣기를 통해 스토리를 이해하는 능력이 생긴다. 그림책의 글자를 가리키며 읽어주는 과정을 통해 소리와 문자를 연결하며 글자와 소리의 연결성을 알게 된다. 책을 듣는 활동이 즐겁고 익숙한 경험으로 자리 잡으면 책과 친근감이 생긴다. 억지로 읽기로 연결하는 것이 아니라 아이의 경험이 쌓이고 책과 친근감이 형성되면 읽기로의 전환이 자연스럽게 이루어진다.

듣는 행위는 집중력을 강화시킨다!

듣기는 단순히 소리를 받아들이는 것을 넘어, 소리와 언어를 이해하고 분석하며 정보를 처리하는 과정이다. 이 과정에서 집중력은 듣기의 질을 결정짓는 중요한 요소로 작용한다. 듣기와 집중력은 상호 보완적인 관계이기에, 한쪽이 강화되면 다른 쪽도 자연스럽게 발달하게 된다.

❶ 주의 집중 훈련

듣기는 정보를 받아들이기 위해 의식적으로 귀를 기울이고, 중요한 부분을 파악하기 위해 주의를 기울이면서 그 내용을 기억하고 이해하려는 노력이 필요하다. 이 과정에서 자연스럽게 집중력 훈련이 이루어진다.

- 예시: "주인공이 어떤 선택을 했는지 기억해 볼까?"라는 질문을 통해 아이가 이야기의 흐름에 집중하도록 돕는다.

❷ 청각 정보 처리 능력 향상

듣기는 단어, 문장, 억양 등을 통해 정보를 조직하고 이해하는 데 집중력이 필요하다.

- 예시: “호랑이가 왜 화가 났을까?”와 같이 질문하면 아이는 대답을 위해 이야기의 세부 사항을 기억하고 정리해야 한다.

❸ 지속적인 집중력 강화

듣기는 한 번의 짧은 활동으로 끝나는 것이 아니라, 이야기나 강의가 끝날 때까지 집중하고 주의를 유지해야 하는 활동이다. 이를 통해 지속적 집중력을 기를 수 있다.

- 예시: 오디오 북을 들으면서 아이가 마지막에 내용을 요약하도록 유도하면, 듣기를 하는 동안 집중해서 들으려 노력한다.

듣기는 읽기 전 단계에서 독서의 출발점이자 언어 발달의 가장 중요한 시기이다. 부모나 보호자가 책을 읽어주는 경험은 아이가 언어를 배우고, 이야기에 몰입하며, 독서의 즐거움을 느끼는 첫걸음이 된다. 듣기를 통해 형성된 긍정적 독서 경험은 이후 읽기와 학습으로 자연스럽게 이어지며, 아이가 책과 평생 동반자로 함께할 수 있는 기반을 제공한다.

4.

초기 읽기

: 문자 해독으로 기초를 다져라

초기 읽기 단계

- 독서의 기초를 다지고 언어를 학습하는 문자 해독이 필수!

초기 읽기 단계는 아이들이 문자와 소리를 연결하며 언어를 배우는 중요한 시기이다. 이 단계에서 아이들은 글자의 모양을 익히고, 각 글자가 내는 소리를 이해하며 단어를 읽고 뜻을 파악하는 능력을 키워 간다. 이 시기에 문자 해독은 읽기와 쓰기의 기초를 다지는 첫걸음으로, 아이들이 독서와 학습을 통해 더 넓은 세상으로 나아가는 기반이 된다.

이 단계는 독서의 기초, 즉 독서 습관을 형성하는 중요한 시기이므로, 아이들의 관심과 흥미를 유도하여 문자 해독과정을 거치고 독서가 즐거운 경험이 되도록 하는 것이 핵심이다. 문자 해독의 적절한 시기는 무엇보다 아이가 문자에 관심이 있을 때 시작해야 한다.

아이들은 글자를 어떻게 익힐까?

이 시기에 아이들은 글자를 익히게 된다. 아이들이 글자를 익히는 과정은 시각적 인식, 소리와 글자의 연결, 단어 조합의 순서로 진행된다. 이 과정은 아이의 언어 발달 수준과 학습 환경에 따라 조금씩 차이가 있을 수 있지만, 기본적으로 다음의 순서를 따른다.

1) 글자와 모양 인식

2) 소리와 글자의 연결

3) 단어 조합

4) 글자를 이용한 낱말 확장

5) 글자와 의미 연결

6) 문장 읽기로 확장

이제 이 6단계를 차근차근 알아보자.

1) 글자와 모양 인식

글자를 익히는 첫 단계는 글자의 모양을 구별하고, 각 글자가 가진 시각적 특징을 인식하는 것이다. 글자의 모양과 다른 기호나 그림을 구별하기 시작한다. 간단한 모양의 글자부터 시작해 복잡한 글자를 차례로 배운다.

• 예시: 'ㅁ', 'ㅏ', 'ㄴ'과 같은 간단한 모양의 글자를 먼저 배우고, 이후에 쌍자음(ㄲ, ㅆ)이나 이중 모음(ㅒ, ㅙ)으로 확장한다.

2) 소리와 글자의 연결

글자의 모양과 그 글자가 내는 소리를 연결하는 단계이다. 아이는 자음과 모음의 기본 소리를 배우고, 이를 조합해 단어를 형성한다. 이 과정에서 소리 내어 읽는 연습이 중요하다.

• 연결하는 순서 예시

① 단순 자음과 모음을 읽는다.

- 'ㄱ', 'ㄴ', 'ㅏ', 'ㅗ'
- '가', '나', '고' 등의 글자를 조합하여 읽는 연습을 한다.

② 받침 포함 단어를 읽는다.

'ㄱ', 'ㅏ', 'ㄴ' → "간"

③ 받침이 포함된 단어로 글자 읽기를 확장한다.

쌍자음과 이중 모음: 'ㄲ', 'ㅘ', 'ㅇ' → "꽝"

3) 단어 조합

익힌 자음과 모음을 조합해 단어를 만들고, 그 의미를 학습하는 단계이다. 짧은 두 글자 단어에서 시작하여, 점차 긴 단어와 간단한 문장으로 확장한다.

- 단어 학습 순서 예시

① 두 글자 단어: '가방', '나비', '사자'와 같이 짧고 쉬운 단어부터 시작한다.

② 세 글자 단어: '강아지', '고양이'처럼 일상에서 자주 접하는 단어를 익힌다.

③ 간단한 문장: '나비가 날아가요.', '고양이가 뛰어요.'와 같은 간단한 문장을 읽는다.

4) 글자를 이용한 낱말 확장

글자를 이용해 비슷한 낱말을 확장하여 학습한다. '가'를 배우면, '가방', '가게', '가수'로 연결한다.

- 글자 조합의 규칙성을 이해하며 어휘를 확장한다. ("'가'로 시작하는 낱말은 뭐가 있을까?")
- 글자 조합의 규칙성을 이해하며 조합한다. (ㅂ + ㅏ + ㄴ + ㅈ + ㅣ = 반지)
- 글자 조합의 규칙성을 이해하며 분리한다. (반지 = ㅂ + ㅏ + ㄴ + ㅈ + ㅣ)

5) 글자와 의미 연결

글자와 단어의 뜻을 연결하며 읽기와 이해 능력을 동시에 키운다. 단어의 뜻을 그림이나 실생활과 연결하여 의미를 이해한다.

- 예시
  - '사과'라는 글자를 배우며 실제 사과 그림을 보거나 사과를 만져본다. 실제 '사과'를 먹으며 '사과' 글자를 읽는다.
  - '강아지' 글자를 배우며 강아지 사진이나 동영상을 활용한다. 동물 '강아지'를 보며 '강아지' 글자를 연상하며 읽는다.

6) 문장 읽기로 확장

단어를 배운 후, 이를 조합하여 간단한 문장을 읽는 연습을 한다. 짧고 반복적인 문장을 읽으며 읽기 유창성을 높인다.

- 예시: '토끼가 뛰어요.', '나비가 날아요.' 같은 문장을 읽으며 문장 구조를 이해한다.

글자 익히기 추천 순서

① 기본 자음과 모음
자음: ㄱ, ㄴ, ㄷ, ㅁ, ㅂ, ㅅ
모음: ㅏ, ㅓ, ㅗ, ㅜ

② 자음과 모음 조합
'가', '나', '다', '마', '바', '사'

③ 받침 포함 단어
'간', '밥', '산', '손'

④ 쌍자음과 이중 모음
'깡', '꽈', '똥', '쑥'

⑤ 단어에서 문장으로 확장
단어: '강아지', '고양이'
문장: '강아지가 달려요.'

초기 읽기 단계의 4가지 특징

1) 글자와 소리를 연결한다

초기 읽기 단계에서는 아이들이 글자를 보고, 그 글자가 어떤 소리를 내는지 이해하며 글자와 소리의 규칙을 배운다.

예를 들어, 'ㄱ'과 'ㅏ'를 조합해 '가'라는 소리를 내며, 글자가 단어로 이어지는 원리를 학습한다.

2) 단어를 구성하는 능력이 발달한다

이 단계에서 아이들은 글자를 조합해 단어를 형성하며 읽는 연습을 한다. 단어를 읽는 과정에서 언어의 구조를 이해하기 시작한다.

예를 들어, '나비'라는 단어를 '나'와 '비'로 나누어 소리 내며 단어 전체를 읽게 된다.

3) 반복 학습을 통해 자신감이 향상된다

반복적으로 글자를 보고 소리 내며 읽기를 연습하면서 점점 더 많은 단어를 읽게 되고, 읽기에 대한 자신감을 형성한다.

반복 구조가 포함된 그림책이나 짧고 간단한 문장이 아이들에게 큰 도움이 된다.

4) 읽기를 통해 언어 이해력이 향상된다

아이들은 글자를 읽고 단어의 의미를 이해하면서 어휘력이 확장되고,

이야기를 통해 사고력과 창의력이 발달한다.

예를 들어, '고양이가 뛰어요.'라는 문장을 읽으며 고양이의 행동을 상상하게 된다.

초기 읽기 단계의 학습 방법 4단계

1) 친숙한 단어부터 시작하자

아이들이 자주 사용하는 단어(예시: '엄마', '나비', '사과')를 통해 읽기의 첫 단계를 시작하면 흥미를 유도할 수 있다.

2) 그림과 단어를 연결시키자

그림책을 활용해 그림과 단어를 매칭하며 글자와 단어의 의미를 이해하도록 돕는다.

- 예시: '사과' 그림을 가리키며 단어를 읽어주고, 아이가 따라 읽도록 유도한다.

3) 소리와 글자의 규칙을 학습하자

자음과 모음의 소리를 배우고 이를 조합해 단어를 형성하는 규칙을 자연스럽게 익힌다.

- 예시: 'ㄱ'+'ㅏ'→'가', 'ㄴ'+'ㅏ'→'나'

4) 반복적이고 재미있는 학습이라는 인식을 주자

반복되는 문장이 포함된 책이나 노래를 통해 아이들이 글자와 단어를 자연스럽게 배우도록 유도한다.

- 예시: 『곰 사냥을 떠나자』와 같은 책을 반복적으로 읽으며, 아이가 따라 하도록 돕는다.

문자 해독과 단순한 글자 익히기는 다르다

문자 해독을 '글자 익히기'라고 생각하는 사람들이 많다. 문자 해독과 글자 익히기는 언뜻 비슷해 보이지만, 두 개념은 초점과 과정에서 차이가 있다. 두 가지 모두 읽기와 쓰기의 기초가 되는 중요한 과정이지만, 학습의 목적과 접근 방식에서 서로 다르다. 이제 차이점을 자세히 살펴보겠다.

글자 익히기란?

글자 익히기는 글자의 모양과 이름을 배우는 과정을 말한다. 글자 자체의 형태와 특징을 인식하고 기억하는 데 초점이 맞춰져 있다. 글자의 형태 인식: 'ㄱ'과 'ㄴ'처럼 글자의 모양을 구별하고 이름을 배우는 것이 주된 목적이다.

소리와 연결 이전 단계: 글자를 소리와 연결하거나 단어로 확장하기 전에, 글자의 기본 개념을 익히는 단계이다.

- 예시: 'ㄱ'을 보며 "이건 기역이에요."라고 말하거나, 글자의 이름을 익힌다. 글자를 써보며 모양을 익히는 활동을 한다.
- 추천 활동
  - 글자 카드놀이: 'ㄱ', 'ㄴ', 'ㄷ' 카드를 보여주며 글자의 이름과 모양을 암기한다.

– 글자 쓰기 연습: 모래나 흙 위에 글자를 써보며 재미있게 글자를 익히게 한다.

– 그림과 매칭: 'ㄱ' 카드와 '고양이' 그림을 연결한다.

문자 해독이란?

문자 해독은 글자를 보고 소리를 내어 읽고, 단어와 문장의 의미를 이해하는 과정을 말한다. 단순히 글자를 아는 것을 넘어, 글자의 소리를 결합해 단어를 구성하고, 그것을 읽고 의미를 파악하며 언어를 학습하는 과정이다. 이는 읽기와 쓰기의 기초가 되는 능력으로, 학습 전반에 걸쳐 중요한 역할을 한다. 문자 해독은 아이들의 사고력, 표현력, 그리고 학업 능력 전반에 큰 영향을 미친다.

소리와 글자의 연결: 글자의 소리를 알고, 글자 조합으로 단어를 읽는 것이 목표이다. 단어와 문장을 읽으며 그 뜻을 이해하는 데 중점을 둔다.

- 예시: 'ㄱ', 'ㅏ', 'ㄱ'을 보고 '각'이라고 소리 내어 읽고, 이를 이해한다. '사과를 먹어요.'라는 문장을 읽고, 그 상황을 상상한다.
- 추천 활동
  – 반복 읽기: '나비가 날아요.'와 같은 문장을 반복적으로 읽으며 글자와 소리를 연결한다.
  – 소리 내어 읽기: 아이가 글자를 소리 내어 읽도록 유도한다.
  – 단어 확장 놀이: '가'를 배운 뒤 '가방', '가게' 등 비슷한 단어로 확장한다.

글자 익히기와 문자 해독의 주요 차이점

구분	글자 익히기	문자 해독
초점	글자의 모양과 이름을 인식하고 구별하는 것	글자와 소리의 연결, 단어 읽기와 의미 이해
목적	글자의 기본 형태와 특징을 익히는 것	단어와 문장을 읽고 이해하는 능력 발달
과정	글자의 형태를 구별하고 이름을 암기	글자를 보고 소리를 내며, 단어를 조합하고 읽음
활용	글자 자체를 학습하며 읽기 준비를 함	단어와 문장을 읽고 쓰는 데 초점
예시	'ㄴ', 'ㅏ', 'ㅂ', 'ㅣ'를 배우고 구별함	'나비'를 읽고 그 뜻을 이해함

글자 익히기, 그 뒤에는 반드시 '문자 해독'!

❶ 글자 익히기는 문자 해독의 기초

글자를 익히는 것은 문자 해독의 첫 단계이다. 글자의 모양과 이름을 배우지 않으면, 글자를 소리로 연결하거나 단어를 읽기 어렵다.

- 예시: 아이가 'ㄱ', 'ㅏ'를 익히면 이를 조합해 '가'를 읽을 수 있다.

❷ 문자 해독은 글자 익히기를 확장

글자를 익힌 후, 문자 해독을 통해 글자와 소리를 연결하고 단어를 조합하며 읽기 능력을 확장한다.

- 예시: '나'와 '비'를 익힌 아이는 이를 조합해 '나비'를 읽고, 나비의 의미를 이해할 수 있다.

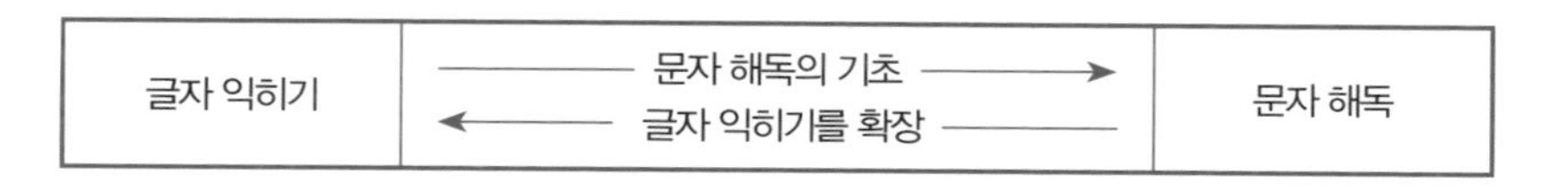

문자 해독, 초기 읽기 단계는 문자와 소리를 연결하며 언어 학습의 기반을 다지는 중요한 시기이다. 이 시기에 아이가 즐겁고 자연스럽게 글자를 배우도록 돕는 것은 독서의 즐거움을 느끼게 하고 평생 학습으로 이어지는 중요한 출발점이 된다.

❶ 읽기 능력의 기초 형성

문자 해독은 아이들이 책을 읽고 이해하는 데 필요한 기초 능력을 제공한다. 이는 독서와 학습의 첫걸음이 된다.

❷ 어휘력 확장

글자를 읽으며 다양한 단어를 배우고, 이를 통해 어휘력이 늘어난다.

❸ 자신감과 독립성 강화

읽기를 통해 스스로 글자를 해독하는 능력이 생기면, 아이는 독립적으로 정보를 얻는 데 자신감을 갖게 된다.

❹ 창의력과 사고력 발달

읽기와 이야기를 통해 아이들은 언어를 넘어서 상상력과 문제 해결 능력을 키울 수 있다.

문자해독기는 아이들이 글자를 보고 소리를 내는 과정을 배우며, 문자와 소리의 관계를 이해하는 단계이다. 이 시기의 아이들은 글자를 인지하고, 단어를 구성하며, 글자와 소리가 연결된다는 개념을 익히기 시작한다. 문자해독기는 독서의 기초를 다지는 시기로, 정확한 지도와 흥미를 유도하는 환경이 중요하다. 그래야 바른 읽기 독립을 할 수 있다.

부모와 교사의 격려와 적절한 학습 환경을 통해 아이가 자신만의 독서 세계를 탐험하도록 도와야 한다.

그녀쌤의 기적 TIP

통문자 익히기 VS. 낱글자 익히기

아이들이 글자를 배우는 방식은 통문자 학습과 낱글자 학습으로 나뉜다. 각각의 방법은 아이들의 학습 속도와 언어 활용 능력에 영향을 미친다. 두 방식을 통해 글자를 익힌 아이들 사이에는 다음과 같은 차이가 나타날 수 있다.

1) 통문자 학습이란?

단어 전체를 하나의 이미지로 인식하며, 글자의 구성 요소보다는 단어의 형태와 의미를 통째로 암기하는 방식이다.

• 특징: 단어를 처음부터 단위(통문자 형태)로 배운다.

'사과', '나비'와 같은 단어를 전체적으로 외우고, 글자를 분리하지 않는다.

2) 낱글자 학습이란?

글자 하나하나의 모양과 소리를 배우며, 자음과 모음을 결합해 단어를 만들어가는 방식이다.

• 특징: 'ㄱ'과 'ㅏ'를 먼저 배우고, 이를 조합해 '가'를 만들며 점차 단어로 확장한다.

3) 통문자 학습과 낱글자 학습 아이들의 차이

	통문자 학습	낱글자 학습
장점	초기 읽기 속도가 빠르고, 읽기에 대한 흥미를 느끼기 쉽다. 직관적으로 단어를 인식하므로 익숙한 단어는 쉽게 읽고 기억하기 쉽다.	글자와 소리를 조합하는 능력을 익히므로, 새로운 단어와 문장을 자유롭게 읽고 쓸 수 있다. 어휘 확장과 학문적 학습에 유리하다.
단점	새로운 단어나 긴 문장을 읽는 데 한계가 있다. 글자 조합 원리를 모르면 어휘 확장과 쓰기가 어렵다.	초기에는 읽기 속도가 느리고, 흥미를 잃을 가능성이 있다.

❶ 읽기 능력

통문자로 익힌 아이:

초기 읽기 속도가 빠르며, 단어를 바로 읽고 이해할 수 있다.

단어 자체를 이미지처럼 기억하기 때문에 친숙한 단어는 잘 읽으나, 새로운 단어나 긴 문장은 어려움을 느낄 수 있다.

• 예시: '사과'는 바로 읽지만, '사탕'이라는 새로운 단어는 쉽게 읽지 못할 수 있다.

낱글자로 익힌 아이:

초기에는 읽기 속도가 느리지만, 글자를 조합하는 능력이 뛰어나 다양한 단어를 스스로 읽는 데 강점이 있다. 글자 조합 규칙을 이해하므로 새로운 단어를 읽는 데 유리하다.

- 예시: '사과'와 '사탕' 모두 글자를 조합하며 읽을 수 있다.

❷ 어휘 확장

통문자로 익힌 아이:

배운 단어와 익숙한 표현에서 크게 벗어나지 않으므로 어휘 확장이 느릴 수 있다. 새로운 단어를 배우려면 다시 단어를 이미지로 외워야 하는 한계가 있다.

- 예시: '고양이'는 읽을 수 있지만, '고래'와 같은 단어는 이미지로 학습하지 않았을 경우 읽기 어렵다.

낱글자로 익힌 아이:

글자의 소리와 조합 규칙을 이해하기 때문에 새로운 단어를 쉽게 습득한다. 글자 학습을 통해 다양한 단어로 어휘를 확장할 수 있다.

- 예시: '강아지', '고양이'를 배우면, '강물', '고구마'와 같은 새로운 단어도 유추가 가능하다.

❸ 쓰기 능력

통문자로 익힌 아이:

단어를 기억으로만 인식하므로, 글자 구성 원리를 잘 모르는 경우가 많다. 단어를 직접 쓰는 데 어려움을 느낄 수 있다.

- 예시: '사과'를 쓰려면 단어를 외운 대로 따라 쓰지만, '사탕'처럼 새로운 단어

를 쓰기가 어렵다.

낱글자로 익힌 아이:
글자 구성 원리를 이해하므로, 글자를 조합해 단어를 자유롭게 쓰는 능력이 뛰어나다. 소리 나는 대로 글자를 쓰며 스스로 학습이 가능하다.

- 예시: '가방'이라는 단어를 배우면 '가구', '가로수' 등의 단어를 만들어 쓸 수 있다.

❹ 독서와 학습 능력

통문자로 익힌 아이:
그림책과 같은 반복적이고 익숙한 문장 읽기는 강하지만, 학문적 내용이 포함된 텍스트는 어려움을 겪을 수 있다. 새로운 주제의 독서를 시작할 때 이해도가 낮아질 가능성이 있다.

- 예시: '강아지가 뛰어요.'는 읽지만, '강아지가 왜 뛰었는지'를 설명하는 문장은 이해가 어렵다.

낱글자로 익힌 아이:
다양한 단어를 조합해 읽는 능력이 강하므로, 점차 복잡한 문장과 텍스트를 읽는 데 유리하다. 학습 도서나 설명 텍스트에서도 강점을 보인다.

- 예시: '강아지가 뛰어요.'뿐 아니라, '강아지가 뛰어간 이유는?'과 같은 설명문도 읽고 이해가 가능하다.

3) 글자 익히기 효과적인 방법

❶ 통문자 학습으로 흥미를 유도한다.

'사과', '강아지' 등 아이가 좋아하는 단어를 통문자로 가르쳐, 읽기에 대한 흥미를 먼저 키운다.

❷ 낱글자 학습으로 확장한다.

- 통문자로 배운 단어를 자음과 모음으로 나누어 글자 조합 원리를 배우도록 유도한다.
- 예시: '사과'를 배운 후, '사'와 '과'를 분리해 '사탕', '과일'로 확장한다.

❸ 재미있는 활동을 활용한다.

카드놀이, 그림 매칭, 반복 읽기를 통해 두 가지 학습 방식을 자연스럽게 병행한다.

통문자 학습과 낱글자 학습은 각각 장단점이 있지만, 두 방식을 적절히 병행하면 아이가 읽기와 쓰기 능력을 균형 있게 발전시킬 수 있다. 초기에는 통문자 학습으로 흥미를 유도하고, 낱글자 학습으로 글자의 원리를 이해하며, 어휘와 문장 활용 능력을 점차 확장해 나가는 것이 효과적이다.

5.

유창하게 읽기

: 낭독으로 자신감을 키워라

유창하게 읽기 단계는 아이들이 글자를 읽고 단어를 연결해 문장을 구성해 자연스럽게 연결하며 소리 내어 읽고, 읽기 속도와 정확성을 높이는 시기이다. 이 시기의 핵심 목표는 읽기 유창성을 키우고, 아이가 글의 흐름과 내용을 자연스럽게 이해하도록 돕는 것이다.

낭독은 이 과정에서 중요한 도구로 부모나 교사와 함께 읽는 경험은 아이의 읽기 능력과 자신감을 크게 향상하게 한다. 또한 읽기에 자신감을 가지고, 글을 읽는 즐거움을 느낄 수 있다.

낭독은 단순히 문장을 소리 내어 읽는 것에 그치지 않고, 문장의 리듬과 억양, 의미를 이해하며 표현력과 사고력을 동시에 발달시키는 활동이다.

유창하게 읽기 단계 - 읽기를 즐기게 된다!

1) 읽기의 속도와 정확성이 향상된다.

아이들은 단어를 한 글자씩 끊어 읽는 단계에서 벗어나, 단어와 문장을 자연스럽게 연결하며 읽는 능력을 키운다,

- 예시: '토끼가 풀밭에서 풀을 뜯고 있어요.'라는 문장을 더 부드럽고 빠르게 읽는다.

2) 글의 흐름을 이해하며 읽게 된다.

단순히 글자를 읽는 것이 아니라, 이야기의 맥락을 이해하며 감정과 의미를 담아 읽게 된다.

- 예시: '우와! 깜짝 놀랐어요!'라는 문장을 상황에 맞게 감정을 담아 읽는다.

3) 읽기에 자신감을 형성한다.

문장을 자연스럽게 읽는 경험은 아이가 독서에 자신감을 가지게 하고, 스스로 책을 읽으려는 동기를 제공한다.

- 예시: '내가 이 책을 혼자 다 읽었어!'라는 성취감을 느끼게 된다.

4) 반복과 연습을 통해 유창성이 강화된다.

동일한 문장을 여러 번 반복하며 읽기 속도와 표현력을 높이는 과정이 중요하다.

- 예시: '호랑이가 빠르게 달렸어요.'를 점차 더 유창하게 읽게 된다.

낭독은 읽기를 유창하게 만든다

1) 소리 내어 읽으며 단어와 문장을 연결한다.

낭독은 아이가 단어와 문장을 연결해 자연스럽게 읽도록 돕는다. 소리 내어 반복적으로 읽는 과정에서 읽기 속도와 정확성이 향상된다.

2) 억양과 리듬을 익히며 표현력을 강화한다.

낭독은 문장의 억양과 리듬을 학습할 수 있는 기회를 제공한다. 이를 통해 글의 분위기와 감정을 이해하고 표현하게 된다.

3) 읽기 경험을 통해 독서에 자신감을 형성한다.

부모나 교사와 함께 읽으며 긍정적인 피드백을 받으면 아이는 읽기에 대한 두려움을 극복하고 자신감을 가지게 된다.

4) 이야기의 흐름을 이해하며 독해력이 향상된다.

낭독은 단순히 읽는 것을 넘어, 글의 내용을 파악하고 이야기의 맥락을 이해하게 돕는다.

낭독을 효과적으로 활용하는 방법 5가지

1) 교대로 낭독하기

부모, 교사와 아이가 교대로 문장이나 단락을 읽으며 읽기의 재미를 느끼도록 한다.

• 예시: 부모가 “고양이가 낮잠을 자요.”를 읽고, 아이가 “그리고 강아지는 공을 가지고 놀아요.”를 이어 읽는다.

2) 감정을 담아 읽기

문장에 감정을 담아 읽으며 이야기의 분위기를 느끼게 한다.

• 예시: ‘어머! 정말 깜짝 놀랐어요!’와 같은 문장을 다양한 억양으로 읽어보도록 유도한다.

3) 반복 낭독으로 유창성 향상 시키기

같은 문장을 여러 번 소리 내어 읽도록 하여 점점 더 부드럽게 읽게 한다.

• 예시: ‘곰이 꿀을 먹고 있어요.’라는 문장을 처음에는 천천히, 점점 더 자연스럽게 반복하며 읽는다.

4) 질문과 대화로 내용 이해 강화하기

낭독 후 책의 내용에 대해 질문하고 대화하며 이야기의 맥락을 파악하도록 돕는다.

• 예시: “왜 토끼가 이렇게 빨리 달렸을까?”, “다음에 어떤 일이 일어날까?”

5) 녹음해서 자신의 목소리 들어보기

아이가 낭독한 내용을 녹음하고, 이를 함께 들으며 읽기 속도와 억양을 점검한다.

• 예시: 아이가 "토끼가 풀밭을 뛰어다녔어요."를 읽고, 녹음된 내용을 들으며 더 자연스럽게 읽도록 피드백한다. 간단한 문장부터 좀 더 길고 복잡한 문장 읽기를 하며 개선점을 찾고 격려한다.

읽기 유창성이 발달하면 누리는 효과 4가지

1) 학습 능력이 강화된다.

글을 유창하게 읽으면 책과 학습 자료를 이해하는 속도가 빨라지고, 학업 능력이 향상된다.

2) 표현력과 사고력이 증진된다.

낭독은 문장의 구조와 언어 표현을 이해하게 돕는다. 글쓰기와 말하기 능력에도 긍정적 영향을 미친다.

3) 독서의 즐거움을 발견할 수 있다.

유창하게 읽는 경험은 아이가 책을 읽는 데 자신감을 가지고 독서를 더 즐기게 된다.

4) 상상력과 공감 능력이 향상된다.

이야기를 읽으며 상상의 세계를 탐험하고, 등장 인물의 감정을 느끼며 공감 능력을 키운다.

유창하게 읽기 단계는 아이가 읽기의 자신감을 키우고 독서의 즐거움을 발견하는 중요한 시기이다. 이 단계에서 낭독은 읽기 유창성을 키우고, 표현력과 독해력을 동시에 발달시키는 강력한 도구이다. 부모와 교사의 격려와 함께 읽는 시간이 아이의 읽기 능력을 한 단계 더 발전시키는 데 큰 도움이 된다.

글밥이 적은 그림책에서 글밥이 많은 책으로 차츰 늘려가야 한다. 아이의 독서 선호도를 고려하여 읽기를 진행한다.

읽기 유창성이 늘지 않는 우리 아이, 이유가 뭘까?

읽기 유창성을 방해하는 문제는 적절한 책 선택과 활동을 통해 충분히 극복할 수 있다. 반복적인 연습과 재미있는 활동으로 읽기를 놀이처럼 즐기도록 유도하면, 아이는 자신감을 얻고 읽기에 대한 흥미를 키울 수 있다.

1) 낯선 단어에 대한 두려움

새로운 단어나 어려운 문장이 나오면 아이가 읽기를 멈추거나 주저할 수 있다. 이는 읽기에 대한 자신감을 떨어뜨린다.

- 단어를 하나씩 분리해 소리 내어 읽게 한다. 단어를 작은 단위로 나누어 읽게 하면 익숙해지는 데 도움이 된다.

  예시: '구름빵'이라는 단어를 어려워할 때는 먼저 '구름'과 '빵'으로 나누어 각각 소리 내어 읽게 한다. 그다음 '구름빵' 전체를 다시 읽도록 유도한다.

- 어려운 단어는 그림을 활용해 쉽게 이해하도록 돕는다.
  예시: '강아지똥'이라는 단어를 배울 때, 강아지 그림과 함께 보여주며 단어를 읽게 한다. "이건 강아지야, 강아지가 남긴 똥이야!"라고 설명하며 단어와 그림을 연결한다.

2) 읽기 속도와 정확성 부족

아이들이 글자를 천천히 읽는 경향이 있어 문장의 의미를 놓치고 유창성이 떨어질 수 있다.

- 반복 읽기를 통해 속도를 높인다. 같은 문장을 여러 번 읽게 하여 읽기 속도와 정확성을 점진적으로 향상하게 한다.
  예시: 『곰 사냥을 떠나자』 책에서 '우린 곰 사냥을 떠나자.'를 처음에는 천천히 읽게 한 뒤, 점차 속도를 높이며 자연스럽게 읽도록 지도한다.
- 리듬감 있는 문장을 반복하며 속도와 유창성을 동시에 키운다. 짧고 간단한 문장부터 시작해 점차 복잡하고 긴 문장으로 늘린다.
  예시: 먼저 "토끼가 뛰어요."를 여러 번 읽으며 익숙해지도록 한 뒤, "토끼가 들판에서 빠르게 뛰어다녔어요."처럼 긴 문장으로 확장한다.

3) 표현력 부족

단조로운 톤으로 읽으면 문장의 의미를 전달하지 못하여, 아이가 읽기에 대한 흥미를 잃을 수 있다.

• 대화가 중심인 이야기를 읽으며 다양한 억양을 연습한다.

예시: 『괴물들이 사는 나라』에서 괴물의 대사를 읽을 때 "우우우우! 우리가 널 잡아먹겠다!"를 큰 목소리로 감정을 담아 읽는다. 등장 인물의 감정을 이해하며 표현력을 키운다.

• 역할극처럼 읽기. 부모, 교사와 아이가 각각 캐릭터를 맡아 대사를 교대로 읽는다.

예시: 『빨간 모자』에서 부모는 늑대 역할, 아이는 빨간 모자 역할을 맡아 대사를 나누어 읽는다.

늑대: "너희 할머니는 어디 계시니?"

빨간 모자: "숲 저쪽 집에 계세요."

4) 읽기에 대한 흥미 부족

읽기가 지루하다고 느껴 읽기에 대한 흥미를 잃고, 읽기를 거부하는 경우가 있다.

• 아이가 관심 있어 하는 동물, 탈것, 자연 등을 다룬 책을 선택한다.

예시: 『수박 수영장』 책에서 수박 속에 들어가는 이야기를 읽으며 "너라면 수박 안에서 뭐하고 싶니?"와 같은 질문을 통해 상상력을 자극한다.

• 읽기를 놀이로 만들어 흥미를 유도한다.

예시: 『강아지똥』을 읽은 뒤, 이야기 내용을 그림으로 표현하도록 유도한다. "강아지똥이 땅에 묻힌 다음 어떤 꽃이 자랐을까? 그림으로 그려보자!"라고

이야기 나눈다. 읽기와 창작 활동을 결합해 재미를 더한다.

『구름빵』으로 읽기 유창성을 키워보자!

① 낯선 단어 다루기

'구름빵' 단어를 분리해 읽으며 '구름'과 '빵'을 그림과 연결한다.

② 속도와 정확성 연습

"구름빵을 먹고 하늘을 날았어요."라는 문장을 처음엔 천천히, 점점 빠르게 읽는다.

③ 표현력 연습

주인공의 대사를 따라 하며 감정을 담아 읽는다. 예를 들면 "우와! 내가 날고 있어!"를 다양한 억양으로 연습해 본다.

④ 흥미 유발

"너라면 구름빵을 먹고 어디로 날아가고 싶어?"라는 질문으로 상상력을 확장시킨다.

유창하게 읽기 단계는 아이가 읽기의 자신감을 키우고 독서의 즐거움을 발견하는 중요한 시기이다. 이 단계에서 낭독은 읽기 유창성을 키우고, 표현력과 독해력을 동시에 발달시키는 강력한 도구로 중요하다. 부모와 교사의 격려와 함께 읽는 시간의 낭독, 아이 스스로 하는 낭독이 아이의 읽기 능력을 한 단계 더 발전시키는 데 큰 도움이 된다.

그림책부터 시작해 읽기 독립이 가능해지면 차츰 글밥이 많은 도서로 늘려간다. 아이의 수준에 맞는 도서를 제공하는 것도 이 시기에는 아주 중요한 부분이다. 너무 어려운 책을 준다면 흥미를 잃을 수 있고, 너무 쉬운 도서만 읽게 되면 읽기 능력 향상이 더딜 수 있다.

이 단계의 아이는 독서에 대한 흥미도 중요한 부분이지만 독서 습관이 형성되는 시기이기에 아주 중요하다. 읽고 이해하며 읽기, 유창성 단계의 읽기가 성공적으로 되도록 관심을 가져야 한다.

그녀쌤의 기적 TIP

유창하게 읽기 단계에서 추천하는 도서

1) 반복 구조가 있는 책

- 추천 도서: 『곰 사냥을 떠나자』, 『야, 우리 기차에서 내려』
- 반복적인 문장이 포함된 책은 아이가 따라 읽기 쉽고, 읽기 유창성을 키우는 데 도움을 준다.

2) 대화체와 감정이 담긴 책

- 추천 도서: 『괴물들이 사는 나라』, 『소피가 속상하면』
- 대화형 문장이 많아 읽기 억양과 표현력을 키우기에 적합하다.

3) 짧고 아이들에게 흥미로운 이야기책

- 추천 도서: 『토끼와 거북이』, 『아기 돼지 삼형제』, 『똥벼락』
- 문장이 짧아 읽기 부담이 적고, 이야기가 재미있어 읽기 흥미를 유도한다.

6.

기초 독해

: 학습의 즐거움을 찾아라

진짜 읽기의 첫 단추는 사실적 독해이다. 사실적 독해는 글을 읽고 명시된 정보를 정확히 이해하며, 글의 기본 내용을 파악하는 과정이다. 이는 독해 능력의 첫 단계로, 모든 학습과 사고력 확장의 기초가 된다. 이 단계에서 아이들은 중심 내용, 등장 인물의 행동, 사건의 순서, 원인과 결과를 파악하며 글의 기본 구조를 이해하게 된다.

이 시기의 독해는 유창하게 읽기 능력을 갖춘 후 단순히 글을 읽는 것을 넘어 글의 의미를 정확히 이해하고 이를 통해 새로운 정보를 배우며 사고력 확장의 기초가 된다.

진짜 읽기를 시작한다!

- 독서를 통해 새로운 것을 이해하고 학습의 즐거움을 발견하자

사실적 독해는 진짜 읽기의 시작이다. 사실적 독해는 문학과 비문학 모두에서 글의 명시적 내용을 이해하는 기본 단계이다. 문학에서는 이야기 구조와 등장 인물의 행동을, 비문학에서는 중심 아이디어와 정보를 정확히 파악하며 읽기의 기초를 다질 수 있다. 이 과정은 아이들이 읽기 자신감을 키우고, 더 깊이 있는 독해로 나아갈 수 있는 중요한 발판을 제공한다.

독서라고 해서 지나치게 아이의 상상력과 사고력을 강조해서는 안 된다. 먼저 사실적 독해가 되어야 다음 단계로 나아갈 수 있다.

아이의 수준에 맞는 적절한 도서와 질문을 통해 문학과 비문학 모두에서 사실적 독해 능력을 기를 수 있도록 해야 한다. 독해 단계에서는 독해의 가치를 활용해 아이들이 읽기와 학습의 즐거움을 느끼고, 이를 실천으로 이어가며 성공적으로 경험할 수 있도록 도와주어야 한다.

사실적 독해는 문학과 비문학으로 나누어 접근할 수 있으며, 각각의 텍스트 유형에 따라 독해의 방식과 초점이 다르다.

사실적 독해란 무엇인가?

❶ 명시적 정보 이해

글에 명확히 표현된 사실과 정보를 정확히 파악한다.

중심 메시지와 글쓴이가 전달하려는 주제를 이해한다.

❷ 사건의 흐름 파악 (문학) / 정보 구조 이해 (비문학)

문학: 이야기의 시간적 순서와 원인-결과 관계를 따라가며 사건의 흐름을 정리한다.

비문학: 중심 아이디어와 세부 정보를 체계적으로 파악한다.

❸ 등장 인물과 설정 이해 (문학) / 정보와 맥락 이해 (비문학)

문학: 등장 인물의 행동, 감정, 동기 등을 정확히 이해한다.

비문학: 글쓴이의 의도와 정보가 주는 맥락을 분석한다.

학습 기초를 형성하고 사고를 시작하게 한다

❶ 학습의 기초 형성

문학과 비문학 모두에서 독해는 교과와 학습 자료를 이해하는 기본 도구이다.

- 문학 예시: 『서프라이즈 가족』에서 '가족이 서로 돕는 방식은 무엇인가?'를 이해한다.
- 비문학 예시: 『미생물 특공대』에서 '미생물의 개념, 종류, 특징은 무엇인가?'를 학습한다.

❷ 논리적 사고의 시작

글의 흐름을 따라가며 논리적 사고를 형성한다.

- 문학 예시: 『누가 이무기 신발을 훔쳤을까』에서 안진범이 신발 도난 사건의

범인으로 의심받는 이유, 안진범이 사건을 해결하기 위해 무엇을 했는지 분석한다.

• 비문학 예시: 『숨 쉬는 도시 꾸리찌바』에서 '꾸리찌바의 성공 요인은 무엇인가?'를 논리적으로 이해한다.

❸ 읽기 자신감 향상과 흥미 유발

글의 정보를 정확히 이해하며 읽기에 대한 자신감을 키운다.

• 문학 예시: 『복희탕의 비밀』에서 '복희탕에 숨겨진 비밀은 무엇인가?'를 탐구한다.

• 비문학 예시: 『슬기로운 정치생활』에서 '민주주의의 기본 원칙은 무엇인가?'를 탐구한다.

사실적 독해, 문학과 비문학에서 모두 활약!

<문학과 비문학의 비교>

구분	문학	비문학
목적	이야기의 흐름과 주제를 이해	정보와 논리를 정확히 이해
초점	등장 인물, 사건의 원인과 결과 파악	중심 생각과 세부 정보를 분석
활동 예시	'주인공이 왜 이렇게 행동했는가' '이야기의 흐름은 어떤 순서로 전개됐는가?'를 질문	'이 정보가 주는 메시지는 무엇인가'를 질문

도서 예시	『서프라이즈 가족』, 『누가 이무기 신발을 훔쳤을까』, 『복희탕의 비밀』, 『프린들 주세요』	『미생물 특공대』, 『숨 쉬는 도시 꾸리찌바』, 『슬기로운 정치생활』

❶ 글의 기본 내용 이해

사실적 독해는 다음 단계(추론적, 비판적)로 나아가기 위한 기초를 제공한다.

- 문학 중요성: 등장 인물의 행동과 사건의 흐름을 이해하지 못하면 교훈이나 주제를 파악하기 어렵다. 사실적 독해를 통해 이야기 구조 이해로 분석 능력이 발달한다.
- 비문학 중요성: 중심 아이디어와 정보를 이해하지 못하면 실생활이나 학습에 적용하기 어렵다. 사실적 독해를 통해 정보를 체계적으로 정리할 수 있고, 이에 따라 학습 효율이 강화된다.

❷ 정보 처리 능력 발달

글의 정보를 체계적으로 정리하고 활용하는 능력을 말한다.

- 문학 예시: 이야기의 시작, 중간, 결말을 요약해 본다.
- 비문학 예시: 정보의 주요 아이디어와 세부 정보를 정리해 본다.

❸ 학습과 실생활 연결

글에서 얻은 정보를 학습과 실생활에 적용한다.

- 문학 예시: 『프린들 주세요』에서 언어의 창의성과 사회적 변화의 중요성을 배운다.
- 비문학 예시: 『미생물 특공대』에서 미생물을 활용한 환경 보호 방법을 실천한다.

❹ 문제 해결 능력의 기초 형성

논리적 사고를 통해 학습과 실생활에서 문제 해결 능력을 키운다. 무엇보다 글의 내용을 명확히 이해하며 독서에 대한 흥미와 자신감을 키우게 된다.

사실적 독해를 위한 활동 예시

❶ 주요 내용 요약

글의 핵심 내용을 요약하며 정보를 정리한다.

- 문학 활동

도서: 『서프라이즈 가족』

질문: '서프라이즈 가족이 특별한 이유는 무엇인가?'

답: '가족 구성원들이 각자의 독특한 능력으로 서로를 돕는다.'

• 비문학 활동

도서: 『미생물 특공대』

질문: '미생물의 종류 세균, 바이러스, 원생생물, 균류에서 세균에는 어떤 것이 있는가?'

답: '세균에는 충치균, 대장균, 유산균이 있다.'

❷ 등장 인물 행동 분석 (문학) / 정보 세부 분석 (비문학)

• 문학 활동

도서: 『누가 이무기 신발을 훔쳤을까?』

질문: '안진범은 사건을 해결하기 위해 무엇을 했는가'

답: '안진범은 진범을 찾기 위해 사건 당시의 인물과 상황을 조사했다.'

• 비문학 활동

도서: 『숨 쉬는 도시 꾸리찌바』

질문: '꾸리찌바에서 성공적으로 실행한 환경 정책은 무엇인가?'

답: '대중교통 시스템 개선, 재활용 프로그램 도입.'

❸ 시간의 흐름 이해 (문학) / 정보의 구조 이해 (비문학)

• 문학 활동

도서: 『복희탕의 비밀』

질문: '복희탕의 특별한 점은 무엇인가?'

답: '복희탕은 사람들의 소원을 이루어주는 역할을 한다.'

• 비문학 활동

도서: 『민주의 슬기로운 정치생활』

질문: '정치의 의미는 무엇인가?'

답: '사람들 사이의 의견 차이나 이해관계의 차이로 생기는 갈등을 해결해주는 행위를 말한다.'

❹ 사실적 질문 던지기

질문을 통해 책의 세부 내용을 파악하는지, 정보를 정확히 이해하는지 파악한다.

• 문학 활동

도서: 『프린들 주세요』

질문: '닉이 새롭게 만든 단어는 무엇인가?'

답: '프린들'

• 비문학 활동

도서: 『미생물 특공대』

질문: '미생물이 환경 정화에 사용되는 이유는 무엇인가?'

답: '오염 물질을 분해하거나 재활용 가능 물질로 변환한다.'

7.

고급 독해

: 다양한 관점으로 읽어라

책을 깊이 탐구하고, 텍스트를 새롭게 이해한다!

고급 독해기는 독자가 글의 표면적인 내용뿐만 아니라 글의 숨겨진 의미, 맥락, 관점을 해석하고, 이를 비판적으로 평가하며 자신의 의견을 형성하는 과정이다. 이 단계에서는 독서에서 독자가 추론적 독해와 비판적 독해를 통해 글의 구조와 의미를 깊이 탐구하고, 다양한 관점에서 텍스트를 새롭게 이해할 수 있다.

고급 독해기는 독자가 텍스트를 다양한 관점에서 읽고, 새로운 시각으로 의미를 탐구하며, 비판적으로 사고할 수 있는 능력을 키우는 과정이다. 문학과 비문학 도서를 통해 추론적 사고와 비판적 평가를 연습하면, 독자는 텍스트를 입체적으로 이해하고, 이를 나와 연결해 창의적 확장을 이루게 된다.

깊이 있는 이해, 사고력과 창의력 확장: 단순한 사실 이해를 넘어, 글의 의미와 맥락을 깊이 탐구하여 사고력을 확장한다. 글의 논리와 맥락을 분석하며 사고력을 키우고, 이를 새롭게 재구성하며 창의력을 발달시킨다.

- 예시: 『모비딕』에서 에이해브 선장의 집착은 개인적 복수뿐만 아니라 인간의 탐욕과 자연의 경계에 대한 철학적 논쟁을 상징한다.

다양한 시각 수용: 텍스트를 다양한 관점에서 해석하며, 타인의 생각을 이해하고 공감하는 능력을 키운다. 다양한 시대, 문화, 사회적 관점을 이해하며 폭넓은 사고를 도모한다.

- 예시: 『제인 에어』에서 제인의 독립성과 사랑 사이의 갈등을 시대적 배경과 현대적 관점에서 분석한다.

사회적 문제와 연결, 문제 해결 능력 강화: 글에서 얻은 통찰을 실생활 문제 해결에 적용하고, 현실 세계와의 연결 고리를 만든다. 비판적 사고를 통해 텍스트의 의미를 독자의 삶과 현대 사회에 적용하며 현실 문제 해결 능력을 키운다.

- 예시: 『24시 시사 편의점』 스마트폰 사용자들은 왜 사기에 취약한가?

비판적 · 독립적 독서가로 성장: 텍스트의 주장을 맹목적으로 수용하지 않고, 비판적으로 평가하며 자신의 견해를 형성한다. 텍스트의 논리와 글이 전하는 메시지를 비판적으로 평가하여 독립적 사고를 형성한다.

고급 독해기에 가능해지는 4가지 포인트

❶ 추론적 독해

글에 명시되지 않은 내용을 문맥과 배경지식을 통해 유추할 수 있는 능력이다. 글쓴이의 숨은 의도, 등장 인물의 동기, 사회적 · 문화적 맥락을 파악한다.

- 문학 예시
  - 도서: 『모비딕』
    질문: '에이해브 선장이 고래에 집착하는 이유는 무엇인가?'
    추론: '자연에 대한 통제 욕구와 인간의 한계를 극복하려는 의지를 상징한다.'
  - 도서: 『칠월의 청포도』
    질문: '청포도는 무엇을 상징하며, 시인이 바라는 희망은 무엇인가?'
    추론: '청포도는 미래에 대한 희망과 독립을 향한 열망의 상징이다.'

- 비문학 예시
  - 도서: 『꼬물꼬물 세균과 바이러스와 역사』
    질문: '역사적 팬데믹은 사회와 경제에 어떤 영향을 미쳤는가?'
    추론: '팬데믹은 경제적 변화와 함께 사회적 연대를 강화하거나 약화시킬 수 있다.'
  - 도서: 『경제 속에 숨은 광고 이야기』
    질문: '광고는 소비자 행동에 어떤 영향을 미치는가?'

추론: '광고는 심리적 압박을 통해 구매 결정을 유도하며, 문화적 소비 패턴을 형성한다.'

❷ 비판적 독해

글의 주장, 논리, 표현 방식 등을 비판적으로 평가한다.

텍스트의 강점과 약점을 분석하고, 자신의 견해를 형성한다.

• 문학 예시

– 도서: 『제인 에어』

질문: '제인의 선택이 당시 여성들에게 어떤 영향을 미쳤는가?'

비판: '제인의 독립성은 혁명적이었지만, 사랑과 결혼에 대한 관점은 당시 사회적 규범을 일부 따르고 있다.'

– 도서: 『수난이대』

질문: '전쟁과 개인의 고통을 그린 방식이 공감을 주는가?'

비판: '작가의 묘사는 강렬하지만, 일부는 전쟁의 복잡성을 단순화할 위험이 있지 않을까?'

❸ 다양한 관점에서의 해석

등장 인물, 글쓴이, 독자의 입장에서 사건을 다각도로 분석하고 해석한다.

사회적 · 역사적 맥락을 반영하여 텍스트를 새롭게 해석한다.

역사적 관점: 텍스트가 쓰인 시대와 당시의 역사적 맥락을 고려하여 해석한다.

- 예시
  - 『제인 에어』: 제인의 독립적 행동이 당시 여성들의 지위와 권리에 어떤 영향을 미쳤는지 분석한다.
  - 『칠월의 청포도』: 일제강점기 상황에서 시인이 표현한 희망과 독립의 메시지를 파악한다.

사회적 관점: 텍스트가 특정 사회적 이슈나 구조를 어떻게 반영하거나 비판하는지 분석한다.

- 예시
  - 『모비딕』: 산업혁명 시대의 인간 탐욕과 자연에 대한 도전 정신이 선장의 행동에 어떻게 투영되었는지 분석한다.
  - 『24시 시사 편의점』: 급변하고 있는 현대 사회에 적응하는 바람직한 방법과 문제점을 분석한다.

문화적 관점: 텍스트가 특정 시대의 문화를 어떻게 반영하고 있는지 분석한다.

- 예시
  - 『칠월의 청포도』: 일본 제국주의의 지배 아래 '시'라는 형태로 몸소 자유와 희망을 실현하려고 했던 이육사는 그 시대의 문화를 대변하고 있는지 파악한다.

개인적 관점: 독자의 경험과 연결하여 텍스트를 해석하고 의미를 확장해 본다.

- 예시
  - 『제인 에어』: 독자가 현대의 직업과 독립성에 대해 느끼는 가치와 연결한다.
  - 『칠월의 청포도』: 개인적 이상향과 희망의 경험을 시의 메시지와 비교한다.

④ 창의적 확장

글의 내용을 새롭게 재구성하거나, 현실 문제와 연결하여 적용한다.

- 예시: 『제인 에어』
  - 역사적 관점: 당시 가부장적 사회에서 여성의 독립적 행동이 어떤 파장을 일으켰는지 분석한다.
  - 사회적 관점: 제인의 선택이 계층 간 갈등이나 남녀평등 문제를 어떻게 드러내는지 탐구한다.
  - 문화적 관점: 영국 빅토리아 시대의 결혼과 사랑에 대한 관습이 어떻게 반영되는지 분석한다.
  - 개인적 관점: 현대 독자가 제인의 행동을 어떻게 받아들이는지, 그리고 자신의 경험과 연결되는 부분은 무엇인지 탐구한다.
- 예시: 『칠월의 청포도』
  - 역사적 관점: 일제강점기 상황에서 시인이 표현한 민족적 이상과 독립의 열망을 분석한다.
  - 사회적 관점: 청포도가 개인적 희망을 넘어 공동체적 열망으로 해석될 수 있

는지 평가한다.

– 문화적 관점: 그 당시 우리나라 문화를 이해하고 표현의 한계를 뛰어넘으려는 의지를 반영하여 동시대의 다른 나라의 문화와 함께 비교 분석한다.

– 개인적 관점: 개인이 느끼는 이상향과 시 속 청포도의 의미가 어떻게 연결되는지 탐구한다.

8.

독서 전략기

: 사고력과 창의력을 길러라

스스로 찾아서 읽고 새로운 시각과 창의적 사고를 확장한다!

독서 전략기는 독자가 텍스트의 내용을 스스로 탐구하고 구조화하며, 자신의 경험과 지식 체계에 통합하여 자기화(내재화)하는 단계이다. 이 단계는 독서에서 가장 주체적인 과정으로, 독자가 텍스트를 단순히 이해하는 것을 넘어, 새로운 시각으로 재구성하고 창의적 사고를 통해 지식을 확장하는 데 초점을 둔다. 이 과정은 독립적 학습, 창의적 사고, 그리고 실질적 문제 해결 능력을 키울 수 있다.

❶ 독립적 학습 능력을 강화한다. 독자가 스스로 정보를 선택하고 분석하며, 자신의 지식 체계로 통합할 수 있다.

❷ 문제 해결 능력이 향상된다. 읽은 내용을 활용해 현실의 문제를 해결하는 데 필요한 사고력과 창의력을 발달시킨다.

❸ 창의적 사고와 표현력이 강화된다. 텍스트를 재구성하거나 새로운 아이디어를 창출하며 창의적 사고를 확장한다.

❹ 자기주도적 학습 태도가 형성된다. 독자가 스스로 읽기 목표를 설정하고, 주도적으로 탐구와 응용을 경험한다.

독서 전략기에 가능해지는 4가지 포인트

독서 전략기는 독자가 텍스트를 단순히 이해하는 것을 넘어, 이를 자신의 경험과 현실 문제 해결에 창의적으로 응용할 수 있도록 돕는 중요한 과정이다. 독자는 텍스트를 능동적으로 탐구하고 새로운 관점에서 재구성하며, 실질적인 지식으로 내재화하는 과정을 통해 스스로 독서의 주체가 된다.

❶ 지식의 체계화: 텍스트의 구조를 이해하고 정보를 체계적으로 정리하며 학습 능력을 강화한다.

❷ 비판적 사고와 창의적 사고 향상: 텍스트를 재구성하거나 새로운 관점에서 해석하며 창의성을 자극한다.

❸ 실생활 문제 해결 능력 강화: 읽은 내용을 자신의 삶에 적용하고, 현실 문제에 응용하는 능력을 발달시킨다.

❹ 자기주도 학습 태도 형성: 독자가 스스로 읽기 목표를 설정하고, 능동적으로 탐구하며 학습할 수 있다.

문학과 비문학을 활용한 구체적 활동을 통해 구성적, 재구성적, 적용적 읽기를 실천하며 자신의 사고 체계를 통합하고 실생활에 적용할 수 있는 능력을 기르게 된다.

독서 전략기 단계에서의 독서 활동

❶ 구성적 읽기: 텍스트의 구조와 핵심 아이디어를 파악하여 요약한다.

- 예시: 책의 장별 요약을 작성한다. 핵심 개념을 도식화(마인드맵)하여 정리한다.

❷ 재구성적 읽기: 텍스트의 내용을 재조합하거나 다른 관점에서 해석한다.

- 예시: 책의 결말을 재구성하거나, 주요 아이디어를 다른 사례와 연결한다. '이 책이 현대 사회에서 어떤 메시지를 전달할까?'를 탐구한다.

❸ 적용적 읽기: 읽은 내용을 실제 문제 해결에 활용하거나 창의적으로 응용한다.

- 예시: 책의 주제를 바탕으로 에세이를 작성한다. 사회 문제와 연결된 프로젝트를 설계한다.

도서를 활용한 독서 전략기 활동 예시

1) 문학 도서 활용

❶ 『소년이 온다』 (한강)

- 구성적 읽기: 1980년 광주 민주화 운동을 중심으로 등장 인물의 희생과 고통을 단계별로 분석한다.
- 재구성적 읽기: 현재의 민주주의와 연결하여 '만약 이 사건이 오늘날 발생했다면?'이라는 가정으로 새로운 이야기를 창작한다.
- 적용적 읽기: 독재와 민주화 투쟁의 교훈을 바탕으로, 현대 사회에서 시민의 역할과 책임에 대해 에세이를 작성한다.

❷ 『난장이가 쏘아올린 작은 공』 (조세희)

- 구성적 읽기: 산업화 시대의 도시 빈민 문제와 가족의 분열 과정을 정리해 본다.
- 재구성적 읽기: 현대의 빈부 격차 문제와 비교하여 이야기를 재구성한다.
- 적용적 읽기: 빈곤층을 지원하기 위한 창의적인 사회적 캠페인 아이디어를 설계해 본다.

❸ 『1984년』 (조지 오웰)

- 구성적 읽기: 독재 체제와 감시 사회의 메커니즘을 체계적으로 정리한다.
- 재구성적 읽기: 현대의 디지털 감시 문제와 연결하여 이야기를 재구성한다.
- 적용적 읽기: 개인의 프라이버시와 자유를 보호하기 위한 기술적·사회적 방안을 제안해 본다.

❹『갈매기의 꿈』(리처드 바크)

- 구성적 읽기: 갈매기 조나단이 추구하는 자아실현과 자유의 과정을 요약한다.
- 재구성적 읽기: '만약 조나단이 현대 사회에 태어났다면?'이라는 설정으로 새로운 이야기를 창작한다.
- 적용적 읽기: 개인의 목표 설정과 성취 과정을 에세이로 작성해 본다.

2) 비문학 도서 활용

❶『과학 콘서트』(정재승)

- 구성적 읽기: 과학적 사고의 원리를 예시별로 요약하여 체계화한다.
- 재구성적 읽기: 기존의 과학적 사례를 새로운 상황에 적용해 실험을 계획한다.
- 적용적 읽기: 일상생활에서 과학적 사고를 활용한 문제 해결 방안을 작성한다.

❷『물고기는 존재하지 않는다』(룰루 밀러)

- 구성적 읽기: 분류학과 삶의 무질서를 설명하는 사례를 요약한다.
- 재구성적 읽기: '무질서 속에서도 의미를 찾는 방식'을 다른 분야에 적용하여 새로운 관점을 제시한다.
- 적용적 읽기: 삶의 불확실성을 극복하는 개인적인 접근법을 설계하고 적용한다.

❸『왜 세계의 절반은 굶주리는가』(장 지글러)

- 구성적 읽기: 세계 기아 문제의 원인과 구조를 요약한다.
- 재구성적 읽기: 빈곤과 기아 문제를 해결하기 위한 혁신적인 정책 아이디어를 제안해 본다.
- 적용적 읽기: 기아 문제에 대한 봉사활동이나 기부 캠페인을 계획하고 실천하도록 한다.

❹ 『부자 아빠 가난한 아빠』 (로버트 기요사키)

- 구성적 읽기: 자산과 부채의 개념, 부를 쌓는 방법을 요약한다.
- 재구성적 읽기: '만약 내가 주인공이라면 어떻게 재정 계획을 세울까?'라는 관점에서 개인의 재무 설계를 작성한다.
- 적용적 읽기: 자신의 재정 목표를 설정하고 달성 계획을 세운다.

그녀쌤의 기적 칼럼

빠른 독서가 아닌 바른 독서로 이끌어주세요

책 읽는 속도가 유난히 빠른 아이가 있다면 한 번쯤 이런 생각이 드셨을 겁니다.

'정말 제대로 읽고 있는 걸까?'

줄거리를 술술 말하는 아이의 모습을 보면 마치 모든 내용을 완벽히 이해한 것처럼 보이기도 합니다. 물론, 숙련된 독서가라면 빠르게 읽으면서도 내용을 제대로 파악할 수 있겠죠. 하지만 대부분의 경우, 지나치게 빠른 독서 속도는 잘못된 독서 습관이 만들어낸 결과일 가능성이 높습니다.

독서의 중요성이 강조되는 사회 분위기 속에서, 독서를 단순히 '많이 읽는 것'으로 평가하는 경향이 있습니다. 책을 읽은 권수에 따라 보상을 주거나 성취감을 주입하려는 방식은 아이들에게 독서를 '숙제'로 인식하게 하고, 결과적으로 잘못된 읽기 습관을 형성합니다. 이런 방식으로 책을 읽는 아이들은 책의 대략적인 줄거리만 파악하고, 인물의 특징을 대강 기억하는 수준에 그치는 경우가 많습니다. 이러한 빠른 읽기가 지속되면 건성 읽기가 습관화될 수 있습니다. 글의 깊은 의미를 놓치고 겉핥기식 독서를 반복하다 보면, 세부적인 이해나 사고력 발전은 기대하기 어렵게 됩니다. 그렇다면, 아이들이 어떻게 빠르게 읽으면서도 줄거리를 말할 수 있을까요?

대부분의 이야기 글은 몇몇 인물과 사건을 중심으로 전개되는 구조를 가지고 있습니다. 아이들은 주요 인물의 성격과 사건의 흐름을 대략적으로 파악해 이야기의 전반적인 줄거리를 말할 수 있습니다. 하지만 이런 방식으로 읽는 독서는 깊이 있는 이해를 방해하며, 지식 글(비문학)이나 복잡한 내용의 책을 읽을 때 큰 어려움을 겪게 됩니다. 따라서 이야기 글이나 지식 글 모두 아이의 수준과 글의 특성에 맞는 읽기 방법을 배우는 것이 중요합니다.

특히 아이의 연령과 수준에 맞는 독서 지도가 필요합니다. 저학년 아이의 경우, 부모님이나 선생님이 함께 책을 읽으며 내용을 이해하고 있는지 점검하는 과정이 중요합니다. 반복 독서를 통해 아이가 세부적인 내용을 더 잘 이해하도록 도와줄 수도 있습니다. 고학년의 경우라면, 읽은 내용을 정리하고 깊이 있게 이해하도록 도울 방법을 고민해야 합니다. 예를 들어, 책 속 인물의 성격과 특징을 정리하고, 인물 간의 관계를 도식화하는 활동을 해 보세요. 마인드맵을 활용해 사건의 흐름을 시각적으로 정리하거나, 내용을 자신의 언어로 말해보는 것도 효과적입니다.

독서는 단순히 글자를 읽는 것이 아니라, 사유의 과정을 거치는 능동적인 과정입니다. 책 속 문자를 빠르게 해석하는 것이 능사가 아니라, 읽은 내용을 곱씹고 깊이 생각해 보는 시간이 필요합니다. 아이에게 책을 읽고 난 뒤 “어떤 장면이 가장 기억에 남았어?”, “너라면 이 상황에서 어떻게 행동했을 것 같아?” 같은 질문을 던져 보세요. 이런 질문은 아이가 책의 내용을 자기화하고 깊이 있게 이해하는 데 도움을 줍니다.

빠르게 읽는 독서는 단순히 효율성을 추구하는 것처럼 보일 수 있지만, 깊이 있는 이해를 방해하고 결국 건성 읽기를 습관화시킬 위험이 큽니다. 책은 단순히 많은 양을 읽기 위해 존재하는 것이 아닙니다. 한 권을 천천히 읽더라도 내용을 이해하고, 질문하며, 자신만의 생각으로 발전시키는 것이 진정한 독서입니다.

아이에게 중요한 것은 읽기 속도가 아니라, 읽기를 통해 무엇을 얻고 어떻게 성장하느냐입니다. 제대로 읽는 습관이 형성되면 아이는 단순히 글을 읽는 수준을 넘어, 사고하고 이해하며 표현하는 힘을 키울 수 있습니다. 빠른 읽기가 아닌 바른 읽기로, 독서가 아이의 삶을 풍요롭게 만들어주도록 도와주세요.

4장

뇌과학과 학습

독서와 학습을 잇는 기적의 독서 전략

우리가 책을 읽는 순간, 뇌에서는 눈에 보이지 않는 놀라운 일들이 벌어진다. 단순히 글자를 눈으로 보는 것처럼 보이지만 뇌에서는 뇌의 여러 부위가 협력하며 정보를 처리하고 저장하는 대규모 작업이 이루어진다. 이 장에서는 독서가 뇌 발달에 어떤 영향을 미치는지, 뇌의 각 영역과 독서의 관계를 과학적 원리로 풀어낸다.

1.

책 읽는 아이가 공부도 잘하는 이유

'책 읽는 아이가 공부도 잘한다.'라는 말은 오랫동안 진리처럼 여겨져 왔다. 이 말은 뇌과학적으로 일리가 있는 말일까? 물론이다. 언어 이해력, 공감 능력, 기억력, 스트레스 감소 등에 독서는 유의미한 효과가 있다.

독서는 단순히 지식을 쌓는 것을 넘어, 뇌와 전반적인 삶에 긍정적인 영향을 미친다. 독서가 뇌에 미치는 긍정적인 영향을 좀 더 객관적 · 뇌과학적으로 뒷받침하는 연구들은 많다. 독서가 뇌의 다양한 기능에 어떻게 영향을 주는지 보여주는 주요 연구 사례를 통해 어떤 상관관계가 있는지 파악해 보자.

독서가 뇌 연결성을 강화한다

에모리대학교(Emory University)의 연구 팀은 소설 읽기가 뇌의 연결성을 어떻게 변화시키는지 연구했다. 참가자들에게 소설 『포르투나토의 출발(The Fortunate Departure)』을 읽게 한 후, 뇌의 MRI를 촬영했다. 그 결과, 소설을 읽는 동안 좌측 측두엽(언어 처리 영역)이 활성화되었음을 증명했다. 특히, 소설을 다 읽고 며칠이 지나도 중심 회백질(감각 운동 연결 부위)의 활동이 지속적으로 증가한 것으로 나타났다.

이 연구는 독서가 단순하고 단기적인 언어 이해를 돕는 것뿐 아니라, 장기적으로 뇌의 신경 연결성을 강화한다는 것을 보여준다.

독서는 언어를 발달시킨다

미국 워싱턴대학교(University of Washington)의 연구에서는 부모가 어린아이에게 책을 읽어주는 활동이 뇌 발달에 미치는 영향을 분석했다. 1~3세 유아에게 하루 15분씩 부모가 책을 읽어준 그룹과 그렇지 않은 그룹을 비교했다. 결과는 부모가 책을 읽어준 유아의 언어 발달 영역(측두엽) 활동이 부모가 책을 읽어주지 않는 그룹보다 40% 더 높았다.

이는 유아기부터의 독서 습관이 어휘력과 문해력을 크게 향상하게 함을 보여주는 연구 결과이다.

독서는 기억력을 향상시킨다

영국 런던 킹스 칼리지(King's College London) 연구진은 독서가 기억력 담당인 해마에 미치는 영향을 연구했다. 평균 연령 70세의 노인 그룹을 대상으로, 6개월 동안 하루 30분 독서를 하게 했다. 그 이후 기억력 테스트와 뇌 MRI를 비교해 보았다. 독서를 한 그룹은 해마 크기가 유지되었거나 약간 증가했다. 하지만 독서를 하지 않은 그룹은 해마 위축이 관찰되었다.

독서는 해마를 자극하여 기억력 저하를 막고, 나이가 들어도 뇌를 건강하게 유지하는 데 도움을 준다는 것을 확인한 연구 결과이다.

독서가 공감 능력을 높인다

뉴욕 주립대학교(State University of New York)의 연구에서는 문학 독서가 공감 능력에 미치는 영향을 탐구했다. 참가자들에게 문학 소설, 대중 소설, 그리고 논픽션을 읽게 한 뒤 감정과 공감을 측정하는 테스트를 진행해 보았다. 그러자 문학 소설을 읽은 그룹은 다른 사람의 감정을 더 잘 이해하고, 공감 능력 점수가 높게 나타났다. 이는 문학이 독자들로 하여금 등장 인물의 관점에서 생각하도록 유도해 전두엽(감정 조절과 논리적 사고)과 편도체(감정 처리)를 활성화시킨 결과로 분석되었다.

이 연구는 문학 독서가 정서적 지능(EQ)을 높이고, 대인 관계에서 긍정적인 영향을 미친다는 점을 입증했다.

독서를 하면 스트레스도 줄어든다

영국 서섹스대학교(University of Sussex)의 연구는 독서가 스트레스에 미치는 영향을 수치로 측정했다. 참가자들에게 스트레스를 유발한 뒤, 6분 동안 독서, 음악 감상, 걷기 등을 하게 한 후 스트레스 수치를 측정했다. 결과로는 독서를 한 참가자들은 스트레스가 평균 68% 감소했으며, 이는 음악 감상(61%)이나 산책(42%)보다 더 큰 효과를 보였다.

독서는 뇌의 편도체를 안정시키고, 심박수를 낮추며 긴장을 푸는 데 도움을 준다는 점을 입증했던 결과이다.

이 연구 결과들은 이미 다양한 연구 결과에서 독서의 힘을 입증했다고 할 수 있다. 최근 뇌과학 연구와 교육 이론은 독서가 단순히 지식을 쌓는 것을 넘어, 뇌 발달, 학습 동기, 사고력, 그리고 정서적 안정에까지 광범위한 영향을 미친다는 사실을 입증하고 있다. 독서는 뇌를 다각도로 자극하며, 기억력, 공감 능력, 집중력, 스트레스 해소 등 다양한 면에서 긍정적인 효과를 가져온다. 매일 조금씩이라도 독서를 습관화하면, 더 똑똑하고 건강한 뇌를 만들 수 있음이 분명하다.

독서를 통해 습득한 어휘력, 독해력, 그리고 정보 처리 능력은 모든 학습의 기본이 된다. 예를 들어, 언어 능력은 수학 문제의 언어적 표현을 이해하거나 과학 이론을 읽고 해석하는 데도 필수적이다. 아이가 꾸준히 독서하는 습관을 들이면 학업 성취도가 자연스럽게 높아지는 이유다. 또한, 독서는 시간 관리와 집중력을 키우는 데 도움을 준다. 책을 읽는 과정에서 아이는 집중력을 발휘하고, 일정 시간 동안 책에 몰입하는 훈련을 한다. 이는 공부할 때 필요한 집중력을 기르는 데 중요한 역할을 한다.

책 읽는 아이는 단순히 글을 읽는 능력을 발휘하는 데 머물지 않는다. 독서는 뇌와 학습을 동시에 자극하며, 학업 성취도와 정서적 안정에 긍정적인 영향을 미친다. 매일의 작은 독서 습관이 아이를 학습의 주체로 성장시키고, 더 나아가 삶의 다양한 도전과 기회를 즐길 수 있는 사람으로 만들어준다.

책 읽기의 기적은 아이의 뇌와 마음에 깊은 변화를 일으키며, 공부 잘하는 아이의 기초를 만든다. 부모와 교사는 이 중요한 독서 습관을 아이에게 심어주는 길잡이가 되어야 한다. 독서를 통해 배움의 즐거움을 깨닫고, 공부와 삶의 성공으로 이어지는 기적을 만들어가자.

그녀쌤의 기적 TIP

전자책 읽기와 종이책 읽기의 차이

일본 교토대학교(Kyoto University)의 한 연구에서 전자책 읽기와 종이책 읽기의 뇌 활동 차이를 비교했다. 참가자들에게 디지털기기와 종이책으로 동일한 내용을 읽게 하고, fMRI(기능적 자기 공명 영상)로 뇌 활동을 측정했다. 결과는 종이책을 읽을 때는 후두엽(시각 정보 처리), 측두엽(언어 이해), 그리고 전두엽(논리적 사고와 기억 조합)이 더 활발히 작동했다. 반면, 디지털기기를 통한 읽기는 짧고 단편적인 정보 처리에만 치중하여 뇌의 깊은 사고와 연결성을 자극하지 못했다.

이 연구 결과는 종이책 독서가 집중력과 깊은 학습을 유도하는 데 더 효과적이라는 것을 보여주는 것이다.

2.

독서가 뇌를 어떻게 바꾸는가?

독서는 단순히 글자를 읽는 활동을 넘어 뇌의 여러 영역이 협력하며 작동하는 복잡한 과정이다. 글자를 해석하고 의미를 이해하며, 이야기에 공감하는 동안 뇌의 다양한 부분이 활성화된다. 뇌의 여러 영역이 동시에 활성화되기에 독서를 '전뇌 활동'이라고 부르기도 한다. 뇌의 주요 영역과 독서가 각각 어떻게 연결되는지 좀 더 자세히 살펴보자.

후두엽(Occipital Lobe): 글자를 시각적으로 처리한다

후두엽은 주로 시각 정보를 처리한다. 우리가 글자를 보거나 그림을 볼 때 제일 먼저 후두엽이 활성화된다. 독서와의 관계에서 후두엽은 글자를 시각적으로 인식하고, 단어와 문장을 구별한다. 독서를 하기 위한 첫 번째 과정이다. 특히 그림책이나 삽화를 포함한 책을 읽을 때, 이미지와 글을 동시에 처리하여 더 깊은 이해를 도와준다.

예를 들어 어린아이가 그림책을 읽을 때 사과 그림을 보고 단어 '사과'를 연관 짓는 과정에서 후두엽이 중요한 역할을 한다.

측두엽(Temporal Lobe): 언어 이해와 청각적 상상을 바탕으로 재구성한다

측두엽은 언어를 이해하고 기억을 형성하며, 청각 정보를 처리하는 역할을 한다. 독서하는 과정에서 단어와 문장을 이해하고, 단어의 의미를 해석한다. 독서 중 등장 인물의 대화나 상황을 머릿속에서 상상하며 재구성하는 큰 역할을 한다. 또, 이야기의 맥락을 파악하며 줄거리를 기억하는 데도 중요한 역할을 한다.

예를 들어 소설 속 주인공의 대사를 읽으며 그들의 목소리 톤과 감정을 상상하는 동안 측두엽이 활발하게 작동한다. 단어의 뜻과 행동을 연결하고 문장 구조를 이해하여 의미를 파악한다.

전두엽(Frontal Lobe): 사고와 감정을 조율한다

전두엽은 논리적 사고, 판단, 계획, 그리고 감정 조절을 담당한다. 독서 중에 이야기를 논리적으로 분석하고, 등장 인물이 왜 그런 감정을 느꼈는지 이유를 생각하도록 돕는다. 또 책을 읽으며 등장 인물의 행동이나 결말을 예측하는 추론 능력을 키운다. 스스로 생각하며 감정으로 조율하고 이야기 속 상황에 공감하는 역할을 담당한다. 비판적 사고력을 키우고, 독서를 통해 얻은 정보를 일상생활에 적용할 방법을 생각하게 한다.

예를 들어 소설을 읽으며 등장 인물의 마음을 공감하고, 추리 소설을 읽으며 범인을 추적하거나, 철학 서적을 읽고 자신의 신념과 비교하는 과정에서 전두엽이 활성화된다.

해마(Hippocampus): 기억을 형성하고 연결한다

해마는 새로운 정보를 장기 기억으로 저장하고, 이를 필요할 때 불러온다. 정보를 저장하고 회상하는 능력을 향상시킨다. 이야기의 흐름과 주요 사건을 장기적으로 저장하며, 독서하는 순간만이 아니라 책에서 배운 지식이나 새로운 단어를 기억하는 역할을 한다. 때로는 여러 책에서 배운 정보를 서로 연결해 깊은 이해를 하게 만든다.

예를 들어 책에서 읽은 역사적 사건을 오랫동안 기억하거나, 소설의 줄거리를 친구에게 설명하는 데 해마가 작동한다.

편도체(Amygdala): 감정, 공감 능력을 처리한다

편도체는 감정을 처리하고, 감정적 반응을 형성하는 데 중요한 역할을 한다.

독서 중 감정적으로 강렬한 장면을 보거나 등장 인물의 감정을 느낄 때 활성화되는 부분이다. 우리는 독서를 통해 슬픔, 기쁨, 두려움 등 다양한 감정을 간접적으로 체험한다. 실제 경험하지 않아도 독서를 통해 감정적으로 중요한 내용을 더 오래 기억하게 만드는 역할을 한다.

예를 들어 주인공의 비극적인 결말이 있는 책을 읽고 슬픔을 느끼거나, 행복한 결말에 미소 짓는 것은 편도체 덕분이다. 주인공이 사랑하는 사람과 이별하는 장면을 읽는다면, 독자는 그 슬픔을 간접적으로 체험하게 된다. 이는 우리가 단순히 '이해하는' 것을 넘어 감정을 '느끼는' 단계로 이어지게 된다. 편도체는 감정을 처리하는 부위로, 인물의 슬픔이나 기쁨을 실제로 느끼게 만든다.

두정엽(Parietal Lobe): 공간적 이해와 상상력을 담당한다

두정엽은 공간 감각과 신체 움직임을 인지하며, 정보를 종합적으로 처리한다. 우리는 책을 읽으며 공간적 배경을 상상하거나, 등장 인물의 행동을 머릿속에 그리게 된다. 사건의 순서를 이해하고, 이야기의 흐름을 조직적으로 파악하는 것도 두정엽의 역할이다.

예를 들어 판타지 소설을 읽으며 마법의 성이나 복잡한 전투 장면을 상상할 때 두정엽이 활발히 작동한다.

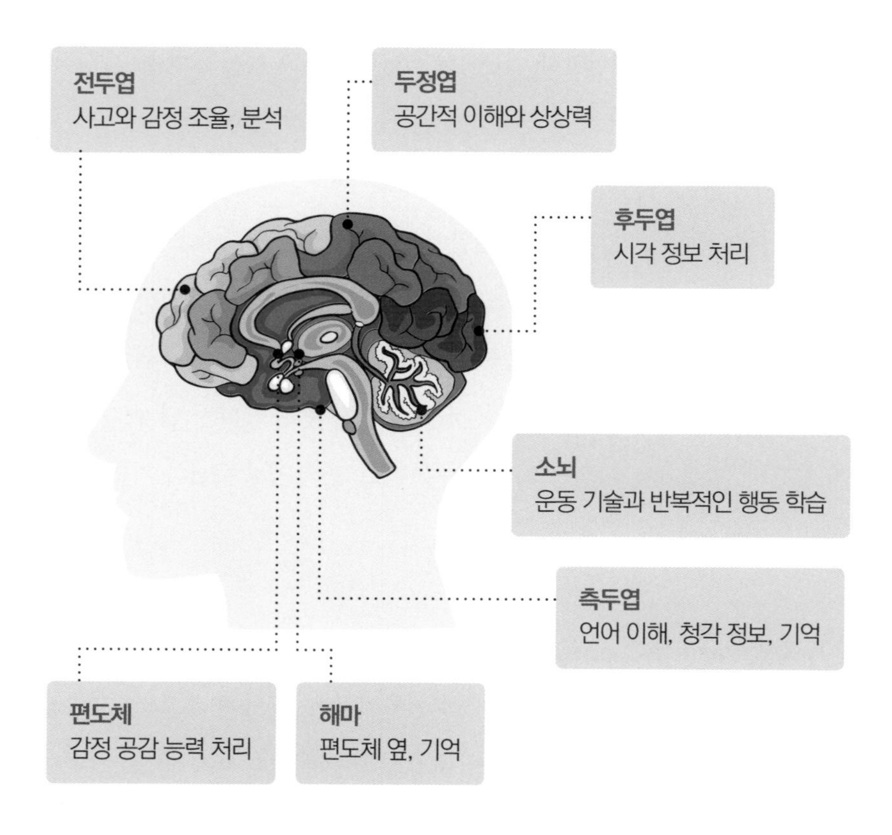

결국 독서는 뇌 전체에 영향을 미치게 된다. 즉 독서는 특정 뇌 영역에만 국한되지 않고, 뇌의 여러 부위를 동시에 활성화하는 '뇌의 완벽한 운동'이다. 글을 읽고 의미를 이해하며, 상상과 감정을 느끼는 모든 과정에서 뇌가 협력적으로 작동하게 된다.

후두엽은 글자를 보고 시각적으로 처리한다. 측두엽은 단어와 문장을 해석하고 기억한다. 전두엽은 논리적 사고와 감정을 조율한다. 해마는 기억을 형성하고 이야기를 저장한다. 편도체는 감정을 느끼고 공감하도록 만든다. 두정엽은 이야기를 공간적으로 이해하고 상상력을 발휘한다.

독서는 뇌의 각 영역을 골고루 자극하여 전반적인 뇌 건강과 기능을 활성화한다. 독서 습관을 꾸준히 유지하면 뇌의 신경망이 더 강해지고, 학습 능력과 창의력, 공감 능력까지 모두 키울 수 있다. 책 한 권을 읽는 행위가 뇌 전체를 운동시키는 놀라운 과정이라는 점에서, 독서는 단순한 취미를 넘어 뇌 건강을 위한 필수 활동이라 할 수 있다.

3.

뇌를 알면 학습 전략이 보인다!

뇌는 독서 과정과 같이 학습 과정에서도 다양한 영역이 협력하여 작동한다. 앞에서 뇌의 각 영역과 독서의 관계를 정리했다면 이번에는 뇌의 각 영역과 학습의 관계를 다룬다. 뇌의 각 영역과 독서, 학습의 관계를 파악하며 읽어보기로 하자.

학습은 단순히 새로운 정보를 입력하는 과정이 아니라, 뇌의 신경망이 변화하고 강화되는 복잡한 과정이다. 뇌과학적 관점에서 학습은 뇌의 여러 영역을 활성화하고, 기억을 저장하며, 문제를 해결하는 능력을 키우는 강력한 도구이다.

학습할 때 뇌는 어떻게 작동하는가?

❶ 후두엽(Occipital Lobe): 시각 정보 처리

후두엽은 뇌의 뒤쪽에 위치하며, 주로 시각 정보를 처리하는 데 관여한다. 글자, 이미지, 그래프 등 시각적 자료를 해석하고 학습에 활용한다.

예를 들어 교과서 학습에서는 교과서의 그림, 표, 다이어그램을 통해 학습 내용을 이해한다. 시각적 학습 자료를 보며 학습에 필요한 그래프나 영상 자료를 처리하여 정보를 효과적으로 받아들인다.

❷ 측두엽(Temporal Lobe): 언어와 청각 정보 처리

측두엽은 언어를 이해하고 기억을 저장하는 역할을 한다. 음성 정보 처리와 어휘 및 문장 구조 이해를 담당한다.

예를 들어, 측두엽의 역할은 언어 학습에서는 새로운 단어를 배우고 문장의 맥락을 이해하게 하는 것이다. 강의 듣기에서는 교수자의 설명을 듣고 이를 정리하여 학습에 적용하게 된다. 이는 읽기와 듣기에 함께 적용된다. 또한 역사적 사건이나 문학 작품의 이야기를 이해하고 기억할 수 있게 한다.

❸ 전두엽(Frontal Lobe): 논리적 사고와 계획

전두엽은 논리적 사고, 문제 해결, 계획 수립, 의사 결정 등을 담당한다. 학습 내용을 종합적으로 분석하고 새로운 아이디어를 생성하게 한다. 학습 내용을 바탕으로 문제를 분석하고 창의적인 해결책을 제안한다.

예를 들어 수학 문제를 풀거나 복잡한 이론을 분석할 때 쓰인다. 프로젝트 기반 학습이나 창의적 아이디어 구상에서도 전두엽이 필요하다. 논문이나 에세이 같은 글쓰기를 하면서 논리적인 구성을 만든다. 학습한 내용을 평가하고 비판적으로 분석하는 능력을 키운다. 결국 전두엽은 학습 내용을 종합적으로 분석하고 새로운 아이디어를 생성한다.

❹ 두정엽(Parietal Lobe): 공간 감각과 계산

두정엽은 공간 감각, 숫자 계산, 그리고 학습 자료의 맥락을 이해하는 데 관여한다. 공간적 정보를 바탕으로 학습 자료를 조직하고 분석한다.

예를 들어 수학과 과학에서는 기하학적 도형을 이해하거나 과학 실험의 결과를 계산한다. 지도를 보거나 학습할 때는 지리학에서 지도나 공간적 관계를 분석하고 학습한다. 통계 그래프나 차트를 해석하며 결론을 도출하고 측정, 계산, 데이터 해석과 분석을 하는 역할을 한다.

❺ 해마(Hippocampus): 기억 형성과 정보 저장

해마는 새로운 정보를 단기 기억으로 저장하고, 이를 장기 기억으로 전환한다. 학습 내용을 분류하고 필요할 때 회상하는 데 중요한 역할을 한다.

예를 들어 배운 내용을 정리하고 복습하여 시험에 대비하는 시험 기간 학습을 떠올려보자. 시험 기간에는 반복 학습과 복습을 통해 정보를 오래 기억할 수 있다. 배운 내용을 복습하여 시험에 대비할 수 있다. 학습 내용을 분류하고 필요할 때 회상하는 데 중요하다. 서로 다른 개념을 연결하여 학습 내용을 심화하는 연결망 역할을 한다.

❻ 편도체(Amygdala): 감정과 학습

편도체는 감정을 처리하고, 감정적 요소와 관련된 학습 내용을 강화한다. 긍정적 정서나 흥미로운 경험은 학습 동기를 높이고 기억을 강화한다.

예를 들어 흥미로운 과제를 통해 학습에 몰입하는 동기 부여가 되는 경우, 스토리텔링으로 감정적으로 연결된 이야기를 통해 더 오래 기억할 수 있다. 또한 성취감을 느끼게 하여 학습 동기 부여가 긍정적으로 전환되는 역할을 한다.

❼ 소뇌(Cerebellum): 운동 학습과 자동화

소뇌는 운동 조정과 반복 학습을 통해 기술을 자동화하는 역할을 한다. 순차적인 학습, 즉 반복적인 행동을 학습하는 중요한 역할을 한다.

예를 들어 악기 연주, 체육 활동, 실험 도구를 사용하는 운동 학습이 소뇌의 역할이다. 반복적인 연습을 통해 기술을 자동화하며 순차적으로 기억하여 문제를 해결하는 과정을 반복해 능숙하게 만드는 것도 소뇌가 담당한다.

결국 학습은 뇌의 각 영역을 골고루 자극하여 상호작용을 하게 된다. 뇌의 각 영역은 학습의 특정 요소를 담당하며, 학습 활동이 뇌의 다양한 부위를 골고루 자극할 때 학습 효과가 극대화된다.

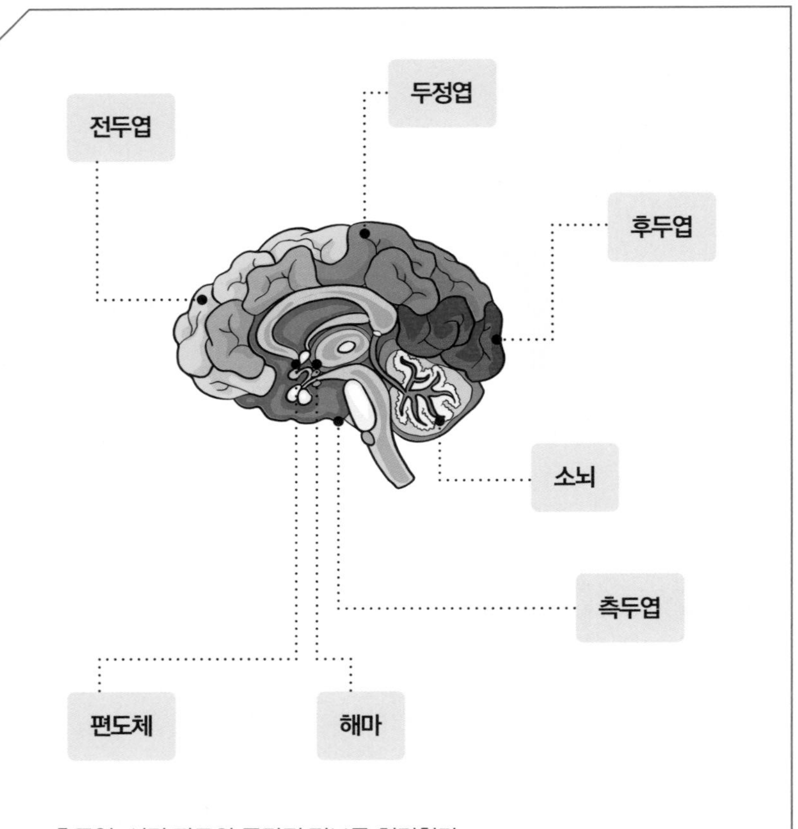

후두엽: 시각 자료와 공간적 정보를 처리한다.

측두엽: 언어와 청각 정보를 이해하고 기억하는 역할을 한다.

전두엽: 논리적 사고와 문제 해결, 창의적 아이디어 구상을 한다.

두정엽: 계산, 공간 분석, 데이터 해석을 한다.

해마: 기억 형성과 정보 저장을 한다.

편도체: 감정과 학습 동기를 연결한다.

소뇌: 운동 기술과 반복적인 행동을 학습한다.

이처럼 각 영역을 고려한 학습 전략을 적용하면 학습 효율을 극대화할 수 있다. 학습은 뇌의 다양한 영역을 활성화하고 협력하게 만드는 과정으로, 뇌를 건강하고 유연하게 유지하는 핵심 활동이다. 후두엽, 측두엽, 전두엽, 해마 등의 영역은 각기 다른 방식으로 학습을 지원하며, 이들의 조화로운 작용이 학습 효과를 극대화한다.

결국, 뇌과학적 원리를 이해하고 활용하면 학습 능력을 더욱 강화할 수 있다는 결론이다. 학습은 뇌를 다각도로 자극하며, 각 영역은 특정 학습 요소를 담당하지만 상호작용을 통해 최적의 학습 효과를 만들어낸다. 학습 전략에 뇌과학적 원리를 적용하면 학습 효율을 극대화할 수 있으며, 이러한 과정은 뇌를 유연하고 건강하게 유지하는 데 기여한다.

효과적인 학습은 단순히 지식을 입력하는 것이 아니라, 뇌가 변하고 성장하며 협력하게 만드는 과정임을 기억하자. 학습의 본질을 이해하고 이를 뇌과학적으로 접근할 때, 학습은 단순히 성적 향상을 넘어서 창의적이고 논리적인 사고를 키우는 삶의 도구로 자리 잡을 수 있다.

4.

독서와 학습, 뇌를 깨워 전진하라

앞에서 살펴본 바와 같이, 독서와 학습은 뇌를 자극하고 신경망을 형성 및 강화하는 활동으로, 뇌과학적으로 볼 때 여러 공통점을 가지고 있다. 독서와 학습, 두 활동 모두 뇌의 다양한 영역을 활성화하며, 정보를 받아들이고 처리하여 기억과 창의적 사고를 촉진하는 역할을 한다.

독서와 학습은 모두 뇌를 자극하고 활성화하고 새로운 지식을 받아들이며 성장하게 하는 활동이다. 뇌과학적으로 보면 두 활동은 비슷한 과정을 거치며, 뇌의 여러 영역을 자극하고 강화한다. 이제 뇌과학으로 쉽게 풀어본 독서와 학습의 공통점을 다룬다.

뇌를 골고루 활성화시킨다!

독서와 학습은 뇌의 여러 영역을 동시에 운동시키는 활동이다.

후두엽(시각 정보): 글자와 이미지를 처리한다.

측두엽(언어 처리): 단어를 이해하고 문장의 의미를 파악한다.

전두엽(논리적 사고): 읽거나 배운 내용을 분석하고 문제를 해결한다.

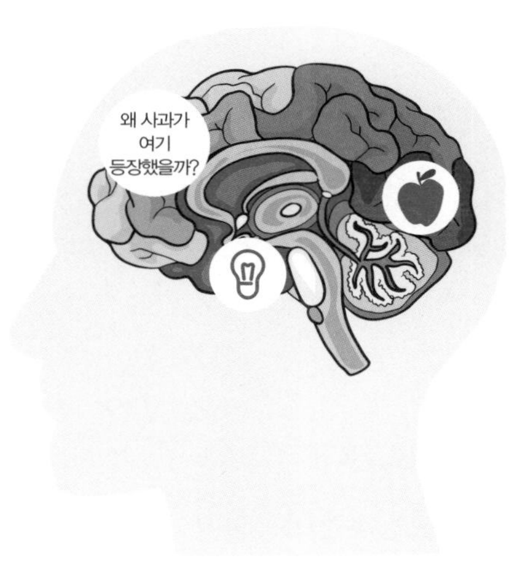

책을 읽을 때 '사과'라는 단어를 보면 후두엽이 이미지를 떠올리고, 측두엽이 단어의 뜻을 이해하며, 전두엽은 '왜 사과가 여기 등장했을까?'를 생각한다.

학습할 때도 수학 문제를 풀이할 때 먼저 후두엽으로 보고, 측두엽이 뜻을 이해하게 되며, 두정엽(공간적 사고)이 계산을 돕고, 전두엽이 문제 해결을 주도한다. 이처럼 독서와 학습은 뇌를 골고루 활성화한다.

기억을 저장하고 연결해야 한다!

해마(Hippocampus)는 독서와 학습에서 정보를 저장하고 연결하는 중요한 역할을 한다. 읽거나 배운 내용을 단기 기억으로 저장한 뒤, 반복하면 장기 기억으로 전환한다. 복습과 반복은 해마를 자극해 기억을 더욱 단단히 만들게 된다.

책을 읽고 나서 줄거리를 다시 떠올리면, 해마가 '이건 중요한 정보구나!'라고 생각하고 기억을 오래 유지하게 된다. 학습에서 시험공부를 반복해서 하면, 해마는 '이 공식은 정말 자주 쓰네!'라고 느껴 장기 기억으로 바꾸게 된다. 결국 독서와 학습에서 해마는 정보를 저장하고 연결하며 같은 기능으로 활약한다.

감정으로 인해 더 최적화된다!

편도체(Amygdala)는 감정적으로 의미 있는 정보를 처리하고, 이를 기억에 더 오래 남기게 한다. 편도체에서 나오는 도파민(Dopamine)은 성취감을 느끼게 하고, 뇌의 보상 시스템을 자극하여 학습과 독서의 동기를 높인다.

재미있는 소설을 읽으면 스토리가 머릿속에 오래 남는 것처럼, 학습에서도 흥미로운 과제를 배우면 더 오래 기억한다. 독서를 통해 감동적인 이야기를 읽으면 오래 기억에 남는 것처럼 학습에서도 흥미로운 실험을 하면 기억이 더 오래 지속된다. 독서와 학습은 감정적으로 연결된 편도체를 활용하면 기억이 더 강해진다.

집중력과 주의력을 강화한다!

독서와 학습은 모두 집중력을 강화한다. 독서에 몰입하는 시간과 학습에서 문제를 푸는 동안 뇌는 중요한 정보에만 집중하도록 주의력 네트워크를 활성화한다.

책에 빠져들어 시간 가는 줄 모르는 경험이 있었다면 이는 전두엽이 활성화되어 집중력을 극대화한 상태이다. 전두엽이 활성화되면 논리적 사고, 추론, 의사 결정 능력이 향상된다. 예를 들어 수학 문제를 풀거나 복잡한 개념을 이해할 때 전두엽이 중요한 역할을 한다. 학습 중 어려운 문제에 몰입하면, 뇌는 산만한 생각을 차단하고 문제 해결에만 집중한다. 이처럼 독서하는 과정에 몰입하는 시간과 학습에 집중하는 시간으로 집중력을 강화할 수 있다.

창의력과 문제 해결력이 증진된다!

독서와 학습은 창의적 사고를 자극한다. 독서는 새로운 아이디어를 떠올리게 하고, 학습은 배운 지식을 활용해 문제를 해결하게 한다. 뇌의 전두엽과 측두엽이 협력하여 새로운 생각과 응용 방법을 만들어낸다.

소설을 읽으며 '이 결말을 내가 바꾼다면 어떨까?'라고 상상한 적이 있을 것이다. 이는 독서가 창의력을 자극한 결과이다. 학습 중 학습한 이론을 실제 문제에 적용하며 '이 방법으로 하면 해결할 수 있겠네!'라고 떠올리는 것도 창의적 사고로 확장할 수 있다.

독서와 학습은 뇌를 활용하여 창의력과 문제 해결력을 증진시킨다.

창의적 사고와 문제 해결 능력을 촉진시킨다!

독서와 학습 모두 창의적 사고를 자극하고 문제 해결 능력을 향상시킨다. 뇌의 전두엽과 측두엽이 협력하여 새로운 아이디어를 도출하고 기존 지식을 활용한다. 뇌의 작용으로는 전두엽은 정보를 논리적으로 분석하고 이를 창의적으로 응용한다.

독서에서는 철학적 주제를 다룬 책을 읽으며 새로운 관점을 발견할 수 있고, 학습에서는 배운 공식을 활용해 현실 문제를 해결할 수 있다.

뇌 건강을 유지하고 성장하게 한다!

독서와 학습은 뇌를 꾸준히 자극하여 건강한 상태로 유지하게 한다. 새로운 정보를 배우는 활동은 뇌가 노화되면서도 건강을 유지할 수 있도록 돕는다. 신경 가소성(Neuroplasticity)이란 뇌가 새로운 신경망을 만들어 학습 능력을 유지하는 원리를 말한다.

새로운 책을 읽거나 학습을 하면, 뇌는 마치 헬스장에서 운동하는 것처럼 신경망이 강화된다. 나이가 들어도 독서를 하면 기억력 감퇴를 늦추는 효과가 있다. 학습을 꾸준히 하면 뇌가 계속해서 활발하게 움직이고 건강을 유지한다. 또한 새로운 기술이나 언어를 배우며 학습하는 것은 치매 예방에 도움이 된다. 이처럼 독서와 학습은 뇌를 건강하게 유지한다.

정보 처리 과정이 사용된다!

독서와 학습은 정보를 받아들이고(입력), 이를 분석하며(처리), 기억하거나 응용(출력)하는 똑같은 과정을 거친다. 입력된 정보는 기존 지식과 연결되어 더 깊은 이해를 형성한다. 뇌의 활동으로는 후두엽(시각 정보), 측두엽(언어 이해), 전두엽(논리적 사고)이 협력한다. 독서에서는 논문을 읽고 저자의 주장을 분석할 수 있고, 학습에서는 이론을 배우고 이를 문제에 적용하며 정보 처리 과정을 거친다.

독서와 학습은 뇌를 위한 최고의 운동이다. 독서와 학습은 뇌에게 다양한 운동을 시키는 활동이다. 독서는 뇌가 새로운 정보를 받아들이고, 이해하고, 공감하는 데 도움을 준다. 학습은 그 정보를 실제로 활용하고 문제를 해결하며 뇌를 더 깊이 훈련시킨다. 두 활동은 뇌를 더 튼튼하고, 똑똑하게 하는 필수 운동이다. 독서와 학습은 모두 뇌의 신경망을 강화하고, 기억 형성, 논리적 사고, 창의적 문제 해결, 집중력 향상 등의 공통된 효과를 제공한다.

독서	——— 정보를 받아들이고 사고의 폭을 넓힌다. ———→ ←— 정보를 활용하고 응용하며 문제 해결 능력을 키운다. ——	학습

독서는 학습의 기초로서 정보를 받아들이고 사고의 폭을 넓히는 역할을 한다. 학습은 독서로 얻은 정보를 활용하고 응용하며 문제를 해결하는 능력을 키운다. 독서와 학습, 두 활동은 뇌의 건강과 발달을 위해 필수적이며, 함께 실천하면 효과를 극대화할 수 있다. 뇌과학적 원리를 활용하여 독서와 학습을 통합하면, 효과를 극대화하고 지속적인 성장과 발전을 이룰 수 있다. 독서와 학습은 아이의 뇌와 삶에 가장 큰 선물이다. 독서를 통해 배경지식을 쌓고, 학습을 통해 이를 실천하며 문제를 해결하는 과정은 뇌를 성장시키고, 아이의 잠재력을 발휘하도록 돕는다. 독서와 학습이 따로 존재하는 것이 아니라, 서로를 보완하고 강화하는 과정이라는 점을 이해해야 한다. 이를 통해 아이들은 단순히 책을 읽고 문제를 푸는 단계를 넘어, 새로운 사고를 창출하고, 세상을 바라보는 넓은 시야를 가지게 될 것이다.

아이의 성장과 학습을 돕고자 한다면, 독서와 학습의 균형을 잡고 이를 뇌과학적으로 활용하는 노력이 필요하다. 이 두 가지 활동이 결합될 때, 아이의 뇌는 더욱 건강하고 유연하게 성장한다. 그리하여 아이는 학습의 즐거움을 깨닫게 될 것이다.

그녀쌤의 기적 TIP

반복 학습과 복습의 중요성

독서와 학습 모두 반복과 복습이 핵심으로, 이는 신경망을 더욱 단단히 연결하는 역할을 한다. 뇌의 작용으로는 장기 기억 강화로 반복 학습은 신경세포 간의 연결을 강화하여 기억 유지력을 높여 준다.

학습은 뇌의 신경 가소성(Neuroplasticity)을 자극하여 새로운 신경 연결망을 형성하고 기존의 연결을 강화한다. 예를 들어 새로운 언어를 배우면, 언어 처리 영역(측두엽)의 신경망이 더욱 촘촘해지고 강화된다. 학습 중 입력된 정보는 해마(Hippocampus)를 통해 단기 기억으로 저장되고, 반복과 복습을 통해 장기 기억으로 전환된다. 예를 들어 시험 준비 과정에서 한두 번이 아니라 반복적으로 복습하면 배운 내용이 단기 기억에서 장기 기억으로 이동된다.

독서에서는 중요한 내용을 반복적으로 읽으며 기억력이 강화되고, 학습에서는 시험 대비로 배운 내용을 복습하며 장기 기억이 강화된다.

5.

공부머리 키우는 독서는 뇌에서 시작하라

독서는 단순히 정보를 읽고 이해하는 것을 넘어, 뇌의 다양한 영역을 동시에 자극하며 학습 능력을 향상시키는 강력한 도구이다. 여기서는 독서와 학습을 연결 짓는 세 가지 주요 뇌과학적 원리와 구체적인 사례를 살펴보겠다.

독서와 학습을 연결 짓는 3가지 원리

1) 독서가 뇌를 운동시키면, 학습에 유리해진다

독서는 뇌의 여러 영역을 협력적으로 작동시키며, 뇌를 마치 운동하는 것처럼 활성화한다.

예를 들어 '사과'라는 단어를 읽으면 후두엽은 빨간색, 둥근 모양, 그리고 과일의 이미지를 떠올리게 된다. 측두엽은 단어의 뜻을 이해하고 문장 전체의 맥락을 파악한다. 전두엽은 문장의 논리적 구조를 분석하고, 문맥과 주제를 추론한다. '빨간 사과를 먹었다.'라는 문장이 등장 인물의 건강, 행동의 이유와 결과와 어떤 관련이 있는지 생각한다.

"빨간 사과를 먹었다."		
(빨간 사과 이미지)	빨간+사과+먹다	누가? 왜? 언제? 결과는?
후두엽	측두엽	전두엽

뇌의 가소성과 학습을 살펴보자. 가소성(Neuroplasticity)을 통해 독서는 뇌의 신경망을 활성화해 새로운 경험에 적응할 수 있는 능력을 향상시킨다.

예를 들어 『정의란 무엇인가?』라는 책의 독서를 통해 새로운 단어를 배우거나, 추상적인 개념이 이해하면, 뇌의 신경 연결망이 강화된다. 구체적인 예로는 과학 논문을 읽을 때 과학 이론을 읽고, 이를 실생활에 적용할 방법을 생각할 때, 전두엽이 문제 해결을 위해 활발히 움직인다. 『노인과 바다』라는 문학 독서를 하며, 등장 인물의 심리적 변화를 추론할 때 측두엽과 전두엽이 동시에 활성화된다.

2) 독서 후 학습 효과는 오래 지속된다

독서가 뇌의 신경망을 자극한 효과는 단기적인 기억에 그치지 않고, 며칠 혹은 더 오래 지속된다. 이는 독서가 뇌의 깊은 학습 시스템을 자극하기 때문이다. 독서를 통해 자극받은 신경망은 독서가 끝난 후에도 오랜 시간 동안 활동을 유지하며 학습 효과를 연장하게 한다.

예를 들어 '프랑스 혁명'과 같은 역사적인 사건이 있는 도서를 읽고 나서도 며칠간 그 원인과 결과를 머릿속에서 정리하게 되며, 학습한 내용을 더 오래 기억한다. 『호밀밭의 파수꾼』과 같은 소설을 읽으면, 주인공의 감정과 사건이 며칠 동안 머릿속에서 반추되며 공감 능력과 사고력이 강화된다.

3) 뇌에서 읽기와 쓰기의 상호작용이 일어난다

읽기와 쓰기는 뇌의 입력과 출력을 담당하며, 두 활동이 결합될 때 학습 효과가 극대화된다. 읽기(입력)란 뇌에 정보를 입력하는 과정으로, 후두엽, 측두엽, 전두엽이 협력한다.

예를 들어 기후 변화에 관한 책을 읽으며, 원인과 결과를 이해하게 된다. 쓰기(출력)는 뇌가 배운 정보를 재구성하고 표현하는 과정으로, 전두엽과 운동피질이 활성화된다. 예를 들어 '기후 변화가 우리 삶에 미치는 영향'에 대해 요약하거나 에세이를 작성하는 것이다.

책을 읽은 후 '이 책의 핵심 주장은 무엇인가?'라는 질문에 답하는 활동은 학습 내용을 깊이 각인시키고, 뇌의 신경 회로를 강화한다. 『어린 왕자』를 읽고 줄거리와 교훈을 요약하면, 읽은 내용을 체계적으로 재구성하여 뇌의 장기 기억 저장을 돕는다.

이렇게, 독서는 뇌와 학습을 연결하는 최고의 도구이다. 독서는 뇌를 다양한 영역에서 동시에 자극하며, 신경망의 유연성과 학습 능력을 강화한다. 독서 후 뇌의 활동은 오래 지속되며 학습 효과를 연장하게 한다. 읽기와 쓰기를 결합하면 학습 효과가 극대화되고, 깊이 있는 사고와 창의적 문제 해결 능력을 기를 수 있다. 독서는 뇌를 위한 '완벽한 운동'이며, 이를 학습 활동과 결합하면 학습 능력을 비약적으로 향상하게 할 수 있는 지름길이 된다.

독서와 학습은 뇌의 여러 영역을 협력적으로 활용하며, 상호 보완적으로 작용함을 다루었다. 독서와 학습 이 둘을 연결하면 학습 효율과 기억력, 창의력이 크게 향상된다. 뇌과학 원리를 활용해 독서와 학습을 연결하는 구체적인 방법들이다.

공부머리 키우는 독서, 구체적인 실천 방법

1) 독서로 배경지식을 쌓고 학습에서 응용하기

독서는 새로운 정보를 받아들이고 기초 지식을 쌓는 과정이다. 학습은 독서를 통해 얻은 정보를 활용해 문제를 해결하거나 깊이 있는 이해를 도모하는 과정이다.

- 학습 전에 관련된 책을 읽어 배경지식을 쌓는다.
  예시: 역사 수업 전 『삼국지』를 읽어 역사적 맥락을 이해하고 책을 읽는다.
- 학습 후에도 책을 통해 배운 내용을 더 깊이 탐구한다.
  예시: 과학 실험 후 『우주와 인간』 같은 책을 읽어 과학적 원리를 확장해 본다.

2) 독서 내용을 학습 노트로 정리하기

독서 후 배운 내용을 학습 노트에 요약하거나 다이어그램으로 정리하면 뇌의 신경망이 강화된다. 뇌의 해마(Hippocampus)가 반복 학습을 통해 단기 기억을 장기 기억으로 전환한다.

- 책을 읽은 뒤 주요 내용을 학습 노트에 요약한다.
  예시: 소설에서 배운 교훈이나 중요한 개념을 정리한다.
- 읽은 내용을 학습 과제나 발표 자료로 활용해 본다.
  예시: 철학책을 읽고, 학급 토론에서 자신의 의견을 정리하고 발표한다.

3) 독서와 학습 후 토론하기

읽거나 배운 내용을 친구나 가족과 토론하면 전두엽(Frontal Lobe)이 활성화되며 논리적 사고와 기억력이 강화된다.

- 책에서 흥미롭게 느낀 주제를 친구들과 논의한다.
  예시: 『정의란 무엇인가?』를 읽고, 정의의 기준에 대해 토론한다.
- 학습한 내용을 독서와 연결해 새로운 아이디어를 낸다.
  예시: 과학 학습 내용의 '우주 구조와 행성 간 이동에 대한 물리학 이론(중력, 블랙홀, 우주항법)'과 SF소설 『인터스텔라의 과학』, 『두 도시 이야기』를 연결하여 중력을 이용한 우주여행 시뮬레이션 개발, 인간이 새로운 행성을 개척할 때 필요한 문화적, 과학적 요소를 상상한 소설을 구성한다.

4) 독서와 학습을 스토리텔링으로 연결하기

뇌는 이야기 형태의 정보를 더 잘 기억한다. 독서와 학습을 이야기로 연결하면 학습 효과가 크게 향상된다.

- 학습 내용을 이야기로 바꿔 정리해 본다.

  예시: 과학 개념인 뉴턴의 운동 법칙을 '마법의 썰매와 뉴턴의 이야기'로 바꿔 썰매를 통해 뉴턴의 세 가지 법칙을 쉽게 이해할 수 있도록 돕는다.

- 책을 읽고, 관련 학습 내용을 스토리텔링 방식으로 설명한다.

  예시: 『레미제라블』 소설 속 장면 '장발장이 코제트를 구출해 파리의 빈민가로 숨어들며 혁명의 이상을 품은 청년 마리우스를 만나는 장면'에서 역사적 사실 '프랑스 혁명 이후에도 변하지 않는 사회의 부조리'로 결합해 이야기로 재구성해 본다.

5) 감정적으로 흥미로운 독서와 학습 콘텐츠 선택하기

편도체(Amygdala)는 감정적으로 중요한 정보를 기억에 오래 저장하도록 돕는다. 흥미롭고 감동적인 콘텐츠는 학습 효과를 강화한다.

- 자신이 좋아하는 주제의 책과 학습 자료를 선택한다.

  예시: 환경 문제에 관심이 있다면 『침묵의 봄』을 읽고 관련 과제를 수행한다.

- 독서나 학습 중 감동적인 이야기나 사례를 찾아보고 적용해 본다.

  예시: 과학 기술의 발달로 인류가 극복한 위기 사례를 학습에 적용해 본다.

알렉산더 플레밍이 우연히 발견한 곰팡이(페니실린)가 세균의 성장을 억제한다는 것을 발견하여, 제2차 세계대전과 그 전까지 치명적이었던 세균 감염의 치료가 가능해졌다.

6) 독서와 학습의 간격 복습하기

뇌과학에서는 반복과 간격 복습이 장기 기억 형성에 가장 효과적이다. 독서와 학습 후 1일, 일주일, 1개월 간격으로 복습 일정을 정해서 일정 간격을 두고 주요 내용을 다시 복습한다.

❶ 독서 실천 예시:

책을 읽고 내용을 이해한 뒤 일정 간격을 두고 복습한다. 복습 시에는 책의 핵심 내용을 요약하거나 질문을 만들기, 토론하기 등 다양한 방식을 선택한다.

- 책을 읽고 주요 내용을 일주일 뒤 다시 확인하며, 이를 다른 책이나 경험과 연결한다.

  예시: 『총, 균, 쇠』를 읽고, 학교에서 배운 세계사와 비교하여 토론 자료를 만든다.

❷ 학습 실천 예시

- 단기, 중기, 장기 목표를 설정한다.

  단기 복습: 학습한 내용을 하루나 이틀 뒤 간단히 검토하여 기억을 유지한다.

중기 복습: 학습 후 1주, 2주 뒤 중요한 개념을 다시 떠올리며 복습한다.

장기 목표: 시험 기간에 간격을 더 늘려 전체 내용을 정리한다.

새로운 단어를 학습한 후, 1일, 3일, 일주일 간격으로 단어를 복습하면 장기 기억으로 전환된다. 단어를 익힌 후 문장으로 활용한다. 과목별로 하루에 한 번 간단한 복습, 일주일에 한 번 주요 핵심 정리를 한다. 시험 1개월 전부터는 간격 복습을 집중적으로 계획하며 학습하고 복습한다.

학습 자료와 독서 노트를 교차 검토하며 정리하고 복습하면 독서에서 얻은 지식과 학습 내용을 통합적으로 이해할 수 있다. 특히, 독서에서 배운 개념과 단어를 학습 문제에 적용하면 깊이 있는 사고와 응용력을 키울 수 있다.

- 독서에서 배운 내용을 학습으로 연결한다. (역사 이야기를 사회 수업과 연결)

  예시: 『세종대왕』 도서에서 훈민정음이 백성들에게 글을 가르치기 위해 만들어졌다는 내용을 배운 후 사회 수업 시간의 '옛날 사람들은 글을 어떻게 배웠을까?'라는 질문과 연결할 수 있다.

- 속담이 들어간 도서와 국어 수업을 연결한다.

  예시: 『속담 하나 이야기 하나』라는 책을 읽고 '독장수 구구'라는 속담을 알게 된다. 국어 수업에서 이야기를 읽고 이야기의 주제를 파악해 봄으로써 속담의 뜻을 알고 다른 상황에 적용할 수 있다.

- 독서에서 익힌 단어를 학습 문제에 적용, 세계사에 적용한다.

예시: 『1984』에서 '전체주의'라는 단어와 사회적 맥락을 알게 된다. 세계사 수업 시간에 나치 독일과 소련의 전체주의 체제에 대해서 학습한다.

독서와 학습으로 선순환의 고리를 만들자

독서와 학습은 모두 뇌의 주요 영역을 활성화하며 상호 보완 한다는 것은 충분히 검토되었고 그것을 뒷받침하는 연구 결과 또한 상당히 많다. 결국 뇌과학 기반으로 보면 독서와 학습은 밀접한 관련이 있다는 것이다.

독서와 학습은 분리된 활동이 아니라 서로를 보완하는 관계이다. 하지만 효과적인 학습을 위해서는 독서가 반드시 선행되어야 한다. 초기 단계에서는 독서를 통해 먼저 배경지식을 확장하고, 심화 단계에서는 학습을 통해 구체적인 지식을 얻는 방식이 가장 효과적이기 때문이다.

독서가 선행되지 않은 학습은 단순 암기와 반복에 그칠 가능성이 크다. 반면, 독서를 통해 배경지식과 사고력을 갖춘 상태에서 학습을 시작하면, 학습의 깊이와 성과가 크게 향상된다.

두 활동을 연결하면 뇌의 다양한 영역이 협력적으로 작동하여 기억력, 창의력, 문제 해결 능력이 강화된다. 독서와 학습의 연결이 만드는 시너지는 무한하다. 이 둘이 함께 뇌를 최적화시킨다.

독서로 학습의 기초를 다지고, 학습으로 독서의 깊이를 더하는 선순환 구조가 학습의 성공을 이끄는 열쇠임을 잊지 말자.

그녀쌤의 기적 칼럼

학습 만화?
독서의 본질로 돌아가 보자

요즘 많은 아이들이 학습 만화를 즐겨 읽습니다. 부모님들 역시 '아예 책을 읽지 않는 것보다는 낫겠지.'라는 생각으로 학습 만화를 제공하곤 합니다. 만화로 된 책도 일종의 독서이기에 독서의 효과를 기대해야 할까요?

학습 만화는 두뇌의 전두엽을 거의 사용하지 않습니다. 전두엽은 우리의 생각과 추론을 담당하는 중요한 두뇌 영역입니다. 글로 된 책을 읽을 때는 문장 구조와 맥락을 이해하기 위해 끊임없이 생각하고, 문맥 속에서 단어의 의미를 추론하며 전두엽을 활발히 활용합니다. 예를 들어, 책을 읽다가 낯선 단어를 만나면 우리 두뇌는 무의식적으로 앞뒤 문맥을 다시 읽고, 단어의 뜻을 유추하려고 노력합니다. 이 과정이 바로 독서가 어휘력을 확장하고 사고력을 키우는 핵심적인 이유입니다.

반면, 학습 만화는 그림과 글이 함께 제공되지만, 실제로는 그림이 내용을 주도합니다. 만화는 대부분 짧고 직관적인 대사를 통해 내용을 전달합니다. 독자는 문맥을 깊이 파악하거나 단어의 의미를 추론할 필요 없이 그림을 통해 바로 정보를 이해합니다. 이런 방식은 전두엽의 추론 기능을 활용하지 못하게 만들고, 결과적으로 사고력과 어휘 확장의 기회를 제공하지 않습니다. 좀 더 직관적으로 표현하면, 학습 만화는 책과 같은 형태를 가지고 있을 뿐, 독서의 효과를 기대하기 어렵습니다. 글보다 그림에 시선이 더 많이 가고, 내용을 단순히 소비하는 데 그치기 때문에 아무리 반복해서 읽어도 글로 된 책이 주는 사고력과 언어 능력의 향상을 기대하기 어렵습니다.

물론, 학습 만화가 완전히 나쁘다는 것은 아닙니다. 만화는 아이들에게 흥미를 유발하고, 특정 주제에 관심을 갖게 만드는 데 유용할 수 있습니다. 하지만 아이가 깊이 있는 독서 경험을 쌓고 사고력을 키우기 위해서는 줄글로 된 책을 읽는 시간이 반드시 필요합니다. 학습 만화를 독서의 대체재로만 여기는 것이 아니라, 줄글 독서로 자연스럽게 이어지도록 안내하는 도구로 활용해야 합니다.

결국, 독서의 본질은 글을 읽고 생각하며 새로운 것을 배우는 데 있습니다. 학습 만화는 그 과정에서 한 부분을 담당할 수 있지만, 아이가 전두엽을 활발히 활용하며 사고력을 키우고 어휘력을 확장하기 위해서는 글로 된 책과 줄글 독서의 경험이 반드시 필요합니다.

5장

독서의 진화

기적의 단계별 독서로 평생 뇌를 깨우자!

독서는 진화한다. 재미를 주기도 하고 지식을 쌓아주기도 하는 독서는 시공간에 따라, 그리고 주체에 따라 목적과 방법이 달라진다. 그러나 기적의 단계별 독서법만 있다면, 이것을 기초로 하여 유연하게 변화시켜 적용하면 된다. 평생 독서를 위한 독서 이야기를 이 장에서 읽을 수 있다.

1.

교과서로 학습에 대한 흥미도를 극대화하라

내 아이 우등생 만드는 교과서 읽기,
기적의 단계별 독서로 하자!

읽기가 제대로 진행되고 있다면 아이가 우등생으로 가기 위해 필요한 1순위는 단연코 교과서 정독이다. 교과서는 단순한 학습 자료가 아니라, 아이들이 세상과 학문을 이해하는 출발점이기 때문이다. 하지만 교과서 읽기에도 아이에게 맞는 방법이 있다. 따라서 교과서도 기적의 단계별 독서를 추천한다.

공부머리를 키우기 위해서는 단순히 많은 책을 읽는 것만으로는 충분하지 않다. 체계적인 독서와 교과서 읽기 전략을 활용해야 한다. 교과서를 학습의 중심으로 삼고, 아이에게 맞는 기적의 단계별 독서법을 통해 교과서를 읽으면 아이들의 학습 효율과 사고력을 높이고, 자연스럽게 공부머리를 형성할 수 있다. 교과서를 읽을 때도 기적의 단계별 독서법을 활용해야 하는 3가지 이유가 있다.

❶ 개념의 탄탄한 이해

각 과목의 특성에 맞는 단계별 접근을 통해 기초부터 심화까지 체계적으로 학습한다.

❷ 논리적 사고와 문제 해결 능력 강화

아이의 독서 단계를 따라 사고력과 문제 해결 능력을 키우며, 실생활 문제에 적용할 수 있는 능력을 갖춘다.

❸ 자기주도 학습 태도 형성

독서 습관을 통해 스스로 학습 목표를 설정하고, 주도적으로 공부를 이끌어갈 수 있다.

교과서를 단계별로 읽는 것은 아이가 과목별 학습에서 더 깊은 이해를 얻고, 사고력을 확장하며, 학습 효율을 극대화하는 데 중요한 역할을 한다. 기적의 단계별 교과서 읽기는 과목 특성에 맞는 독해 전략과 학습 방법을 요구한다. 각 과목은 특성에 따라 독해 방식과 학습 목표가 다르므로, 이를 반영한 기적의 단계별 독서법이 필요하기 때문이다. 이에 따라 공부에 대한 자신감과 흥미를 키워주면서 공부머리를 만든다.

이미 독서를 하면서 기적의 단계별 독서가 연습이 되었다면, 교과서에 그대로 적용하면 된다. 어렵다면, 다음 내용을 꼼꼼히 읽어보자.

1) 국어 교과서 읽기: 문학과 비문학을 아우르는 독해

❶ 읽기 전 단계: 감각을 깨우는 듣기 활동이 우선

- 문학: 이야기를 들으며 상상력과 감정을 자극한다.

  예시: 동화나 이야기를 부모나 교사가 들려주거나 함께 읽는다.

- 비문학: 주제와 관련된 질문을 통해 호기심을 유발한다.

  예시: '왜 책상 위에 있는 사물이 그림자를 만들까?' 같은 질문을 던진다.

❷ 초기 읽기 단계: 글을 읽으며 글의 기본 구조 익히기

- 문학: 등장 인물, 배경, 사건의 흐름을 파악한다.

  예시: '이야기에서 주인공은 어떤 선택을 했니?' 같은 질문에 답해 본다.

- 비문학: 단락별로 주제문과 세부 내용을 요약한다.

  예시: 설명문에서 중심 문장을 찾아 밑줄 긋고 정리한다.

❸ 유창하게 읽기 단계: 글의 흐름과 의미 연결

- 문학: 이야기에 인물의 감정을 담아 읽으며 표현력을 강화해 본다.

  예시: '주인공이 기뻐할 때 어떤 표정을 지었을까?'를 상상하며 읽는다.

- 비문학: 설명이나 논리의 전개를 따라가며 연습한다.

  예시: '왜 작가는 이 단어를 반복했을까?'를 생각하며 읽는다.

❹ 독해 단계: 사실적 독해와 추론적 독해

- 문학: 주제와 작가의 의도를 파악한다.

  예시: '이 이야기가 주는 교훈은 무엇일까?'에 답해 본다.

- 비문학: 논지 전개와 자료 활용 방식을 분석한다.

  예시: '이 표는 어떤 정보를 전달하려고 할까?'를 분석해 본다.

2) 수학 교과서 읽기: 문제 해결과 논리적 사고

❶ 읽기 전 단계: 개념과 원리에 대한 호기심 유도

- 숫자와 문제 상황을 이야기로 풀어 흥미를 높인다.

  예시: '왜 피자 두 판보다 세 판을 나누면 더 많은 사람이 먹을까?' 같은 질문을 던진다.

❷ 초기 읽기 단계: 개념 이해와 정의 읽기

- 정의와 공식을 읽고, 그림이나 예제를 통해 의미를 이해한다.

  예시: '삼각형의 넓이는 왜 밑변 × 높이 ÷ 2일까?'를 그림으로 이해하고 확인한다.

❸ 유창하게 읽기 단계: 문제 읽기와 풀이법 연결

- 문제를 소리 내어 읽고, 조건과 목표를 분리해서 생각한다.

  예시: 'A는 B보다 두 배 크다.'라는 문장을 그림으로 표현한다.

❹ 독해 단계: 문제 풀이 전략 이해하기

• 문제 상황을 분석하고, 문제 풀이 과정과 연결한다.

예시: '이 문제를 풀기 위해 어떤 공식을 써야 할까?'를 스스로 질문해 본다.

3) 과학 교과서 읽기: 탐구와 실험의 기반 다지기

❶ 읽기 전 단계: 자연 현상을 관찰하고 질문하기

• 교과서 내용과 관련된 실험이나 영상을 통해 흥미를 높인다.

예시: 물 끓이는 실험을 하며 '왜 물이 끓으면 수증기가 생길까?'를 질문한다.

❷ 초기 읽기 단계: 용어와 개념 익히기

• 과학 용어와 그림, 표를 보며 기본 개념을 이해한다.

예시: '증발'이라는 용어를 그림으로 표현하며 쉽게 이해한다.

❸ 유창하게 읽기 단계: 실험 과정과 결과 해석하기

• 실험 단계를 소리 내어 읽으며 흐름을 이해한다.

예시: '이 실험에서는 왜 온도를 측정해야 할까?'

❹ 독해 단계: 과학적 원리와 결과 분석하기

• 실험 결과를 읽고, 이를 원리와 연결하여 이해한다.

예시: '왜 식물은 빛이 없으면 광합성을 못 할까?'

4) 사회 교과서 읽기: 역사와 지리, 정치, 경제와 윤리를 연결하기

❶ 읽기 전 단계: 주제와 관련된 이야기 수집하기

- 역사적 사건이나 지리적 특징을 이야기 형식으로 소개한다.

  예시: '옛날 사람들은 왜 농사를 지을 때 강 옆에서 시작했을까?'와 같은 질문을 하고 이야기를 수집해 본다.

❷ 초기 읽기 단계: 중심 아이디어와 세부 내용 파악

- 단원별 주요 사건과 인물을 파악한다.

  예시: '삼국 통일에서 신라가 선택한 방법은 무엇인가?'

❸ 유창하게 읽기 단계: 논리적 연결과 요약 연습하기

- 사건의 원인과 결과를 파악하며 요약한다.

  예시: '산업혁명이 도시화를 가속화한 이유는 무엇일까?'를 요약한다.

❹ 독해 단계: 사회적 현상과 원리 이해

- 사회적 문제를 읽고, 자신의 의견을 형성한다.

  예시: '세계화가 우리나라에 미친 영향을 어떻게 설명할 수 있을까?'에 대한 자신의 의견을 사회적 현상에 맞게 표현해 본다.

5) 영어 교과서 읽기: 언어와 문화의 접점을 활용하기

❶ 읽기 전 단계: 소리와 리듬으로 흥미 유발

- 영어 문장을 듣고 따라 읽으며 발음을 익힌다.

  예시: 'Where is my book?'을 여러 억양으로 연습한다.

❷ 초기 읽기 단계: 단어와 문장 구조 익히기

- 단어의 뜻과 문장의 주어-동사 구조를 파악한다.

  예시: 'I eat apples.'에서 주어와 동사를 구별한다.

❸ 유창하게 읽기 단계: 문장 연결과 내용 파악

- 간단한 문장을 유창하게 읽으며 대화를 연습한다.

  예시: 'What do you like? I like pizza.'

❹ 독해 단계: 이야기와 정보 텍스트 이해

- 영어로 된 간단한 이야기나 정보를 읽고 요약한다.

  예시: 'A dog runs fast.'에서 주제를 파악한다.

2.

과목별 읽기 쓰기로 학습 효율을 높여라

교과서 읽기는 공부머리를 만드는 지름길이다. 교과서 읽기를 할 때 가장 중요한 것은 아이의 독서 방법에 알맞게 읽는 것이다. 그러나 더욱 효과적인 방법을 소개한다면 다음과 같다. 아이의 학년별 교과서, 해당 과목의 성취 기준, 그리고 과목별 교과서 단원 목표를 알고 이를 적용하여 읽는 것이다.

교과서 학습은 각 과목의 목표와 내용에 따라 효과적인 읽기와 쓰기 방법을 활용해야 학습 효율을 극대화할 수 있다. 각 학년 교과서의 목표와 성취 기준을 기준으로 두고 우리 아이의 읽기 수준과 쓰기 수준을 먼저 파악해야 한다. 이후 학년별 목표를 이해하고, 아이에게 알맞은 교과서 수준의 읽기, 쓰기 자료를 제공해야 한다.

교과서 읽기, 쓰기에서도 아이의 수준에 맞는 맞춤형 지원이 핵심이다. 교과서 읽기, 쓰기도 개인별 독서 방법과 같이 맞춤형 전략을 적용하면 아이들이 학습에 더 깊이 몰입하고 성취감을 느낄 수 있다.

초등 학년별 교과서 단원 목표와 효과적인 읽기·쓰기 방법

1) 국어 교과서

❶ 학년별 단원 목표

① 1~2학년

- 글자와 소리 연결, 기본 문해력 형성
- 짧은 문장과 그림책을 통해 독서 흥미 유발

② 3~4학년

- 문학과 비문학 구분, 이야기 흐름과 주제 이해
- 중심 문장 찾기, 간단한 요약 능력 강화

③ 5~6학년

- 비문학의 정보 구조 분석, 문학의 상징과 주제 파악
- 논리적 글쓰기와 창의적 표현력 강화

❷ 효과적인 읽기 방법

① 1~2학년: 소리 내어 읽기와 반복 학습

- 그림과 글을 연결하며 읽기 흥미 유발
- 활동: 짧은 문장을 카드로 만들어 놀이처럼 읽는다.

② 3~4학년: 이야기 흐름과 인물 분석

- 질문: '주인공은 왜 이렇게 행동했을까?'
- 활동: 중심 문장을 밑줄 긋고 요약한다.

③ 5~6학년: 서론–본론–결론 구조 파악하기

- 활동: 글의 구조를 도식화하고 논리 흐름을 분석한다.

❸ 효과적인 쓰기 방법

① 1~2학년: 그림을 보고 한 문장 쓰기

- 활동: 그림책을 보고 '이야기의 끝은 어떻게 될까?'를 상상하며 쓴다.

② 3~4학년: 간단한 요약과 감상 쓰기

- 활동: 읽은 이야기의 중요한 장면을 세 줄로 요약한다.

③ 5~6학년: 주장과 근거를 포함한 논설문 쓰기

- 활동: '내가 좋아하는 계절은?' 주제로 자신의 이유를 논리적으로 작성한다.

2) 수학 교과서

❶ 학년별 단원 목표

① 1~2학년

- 숫자와 사칙연산 기본 이해
- 도형과 길이 등의 기초 개념 학습

② 3~4학년

- 분수와 소수의 개념 이해

• 단위 환산과 자료 해석 능력 학습

③ 5~6학년

• 비례, 비율, 방정식 등 추상적 사고 발달

• 복잡한 문제 해결 능력 강화

❷ 효과적인 읽기 방법

① 문제 읽기 훈련: 문제의 조건과 목표를 명확히 이해

• 활동: 문제를 읽으며 '무엇을 묻고 있는가?'를 요약할 수 있다.

② 단계적 풀이 계획: 문제를 단계별로 나누어 이해하며 풀기

• 활동: 문제를 도식화하고 필요한 정보를 확인한다.

③ 실생활 연결: 문제를 현실과 연결하여 이해

• 활동: '이 문제는 일상에서 어떻게 활용될까?'를 생각하며 읽는다.

❸ 효과적인 쓰기 방법

① 풀이 과정 정리: 문제를 해결하는 과정을 단계별로 작성

• 활동: '첫 단계에서 무엇을 해야 하는가?'를 생각하고 답안을 작성한다.

② 오류 분석: 잘못된 풀이를 찾고 교정하는 연습

• 활동: 친구의 풀이를 보고 틀린 점을 설명해 본다.

③ 해석형 문제 작성: 스스로 문제를 만들어 다른 사람에게 풀게 해 보기

• 활동: '내가 만든 문제를 풀 수 있을까?'를 스스로 확인해 보고 다른 사람에게 풀게 한다.

3) 사회 교과서

❶ 학년별 단원 목표

① 3~4학년

- 지역사회와 지리적 특성 이해
- 간단한 사회 구조와 역할 학습

② 5~6학년

- 국가의 역사와 문화 탐구
- 경제와 법의 기본 원리 이해

❷ 효과적인 읽기 방법

① 지도와 자료 활용: 지리와 역사를 시각적으로 이해

- 활동: 교과서에 나온 지도와 사진을 분석하며 주요 내용을 요약한다.

② 핵심 키워드 찾기: 중심 내용을 키워드로 정리

- 활동: '이 단원의 핵심 단어는 무엇일까?'를 찾고 말로 해 보고 정리한다.

③ 질문 기반 읽기: 읽기 전 질문을 만들고, 읽으며 답을 찾기

- 활동: '왜 이 지역은 이런 산업이 발달했을까?'를 생각하며 읽으며 답을 찾는다.

❸ 효과적인 쓰기 방법

① 요약과 설명 쓰기: 단원의 주요 내용을 짧게 요약

- 활동: 해당 단원을 한 문장으로 요약해 본다.

② 토론 후 정리: 토론 내용을 글로 작성

• 활동: '환경 보호를 위해 우리가 할 수 있는 일'을 글로 정리한다.

③ 자료 분석 보고서: 다양한 자료를 활용한 글쓰기

• 활동: 교과서 자료를 활용해 '우리 지역의 산업의 특징'을 작성한다.

4) 과학 교과서

❶ 학년별 단원 목표

① 3~4학년

• 자연 현상의 관찰과 기록

• 간단한 실험과 결과 해석

② 5~6학년

• 에너지와 생명체의 원리 이해

• 복잡한 실험 설계와 결과 분석

❷ 효과적인 읽기 방법

① 실험 절차 파악: 실험의 단계와 원리를 정확히 이해

• 활동: '이 실험의 첫 번째 단계는 무엇인가?'를 질문하며 읽는다.

② 결과와 원리 연결: 실험 결과를 원리와 연결하여 해석

• 활동: '왜 이런 결과가 나왔을까'를 생각해 보고 원리와 결과를 연결한다.

③ 그림과 도표 활용: 그림과 도표를 통해 과학적 개념을 이해

• 활동: '이 그림이 무엇을 설명하려고 하는가?'를 분석하고 과학적 개념과 연결한다.

❸ 효과적인 쓰기 방법

① 실험 기록 작성: 실험 과정과 결과를 일지처럼 작성

- 활동: '실험의 목적, 과정, 결과, 결론'을 구체적으로 기록한다.

② 원리 설명 글쓰기: 실험 원리를 이해하고 설명하는 글쓰기

- 활동: '온도가 높아질수록 왜 물이 빨리 증발할까?'에 대하여 글을 쓰고 설명한다.

③ 창의적 질문 작성: 실험과 연결된 새로운 질문을 만들기

- 활동: '이 실험에서 변수를 바꾸면 어떤 결과가 나올까?'를 쓰고 상상해 본다.

5) 영어 교과서

❶ 학년별 단원 목표

① 1~2학년

- 기본 단어와 간단한 문장 이해
- 듣기와 말하기 중심 학습

② 3~4학년

- 간단한 글 읽기와 짧은 문장 쓰기
- 단어와 문법 기초 이해

③ 5~6학년

- 문단 읽기와 문법 활용 쓰기
- 읽은 내용을 요약하고 자신의 생각 표현

❷ 효과적인 읽기 방법

① 반복 듣기와 읽기: 간단한 문장을 반복하여 읽으며 발음 익히기

- 활동: 교과서 대화를 따라 읽는다.

② 그림과 단어 연결: 단어와 이미지를 연계해 기억력 강화

- 활동: 단어 카드를 활용한 연상 활동을 한다.

③ 문단 이해: 짧은 문단을 읽고 질문에 답하며 내용을 파악

- 활동: '이 문단의 주제는 무엇인가?'를 스스로 찾으며 내용을 파악한다.

❸ 효과적인 쓰기 방법

① 단문 완성: 주어진 문장을 완성하며 문법을 학습

- 활동: 'I like ___.'의 빈칸에 들어갈 내용을 완성하며 쓰기 활동을 한다.

② 자기소개 쓰기: 간단한 글로 자기소개를 작성

- 활동: 이름, 나이, 취미 등을 포함한 글쓰기를 한다.

③ 요약 연습: 짧은 글을 읽고 핵심 내용을 정리

- 활동: 읽은 이야기의 중심 내용을 한 문장으로 요약해 본다.

교과서도 기적의 단계별 독서로 접근해야 한다. 그에 따라 아이에게 알맞은 읽기와 쓰기 방법을 활용해야 한다. 그래야 아이에게 교과서 읽기가 부담스럽지 않은 학습이 될 수 있다. 아이들은 자기 단계에 맞는 교과서를 읽고 쓰면서 학습의 기초를 다지고, 사고력과 표현력을 확장하며 자기주도적 학습 능력을 갖출 수 있다.

과목별 교과서의 기준은 우선 우리 아이의 해당 학년이다. 내 아이가 해당하는 학년의 단원별 목표와 성취 기준을 보고 아이의 수준을 파악한다. 그러나 만약 아이가 해당 학년 기준에 부족하다고 판단되면 하위 학년 교과서를 읽고 이해하고 쓰게 하자. 학년을 절대적인 기준이라고 생각해서는 안 된다.

교과서를 읽는 주체자가 우리 아이임을 잊지 말자.

3.

공부머리의 기본, 어휘를 마스터하라

어휘력에서 시작해야 공부머리 완성!

공부머리를 완성하는 첫걸음은 어휘력이다. 어휘력은 단순히 많은 단어를 아는 것이 아니다. 단어의 의미와 맥락을 이해하며 효과적으로 활용할 수 있는 능력이다.

어휘력은 글의 의미를 이해하고 새로운 정보를 흡수하며 사고력을 확장하는 독서 과정에서 핵심적인 역할을 하며, 자연스럽게 습득되고 확장된다. 그리고 이는 학습 능력의 기초가 된다. 공부머리의 첫걸음인 어휘력이 부족하면 글을 읽어도 의미를 제대로 이해할 수 없고, 나아가 학습과 실생활에서 얻을 수 있는 이점도 제한될 수 있다. 특히 교과서를 비롯한 학습 자료는 학문적 어휘를 사용하므로 이를 이해하고 활용하는 능력은 학업 성취에 결정적 영향을 미친다.

1) 어휘력이 좋으면 기초가 탄탄해진다

❶ 글의 이해도 향상

- 어휘를 많이 알고 있을수록 글의 의미를 정확히 파악할 수 있다.
- 문맥 속에서 낯선 단어의 뜻을 유추하는 능력도 길러진다.

❷ 정보 처리와 사고력 강화

- 풍부한 어휘력은 문제를 분석하고 해결책을 찾는 사고의 도구가 된다.
- 다양한 어휘를 통해 개념을 세분화하고 논리적으로 정리할 수 있다.

❸ 표현력 증대

- 어휘는 자신의 생각을 효과적으로 전달하는 데 필수적이다.
- 글쓰기, 발표, 토론 등 학습 활동에서 적절한 어휘를 활용하면 설득력이 높아진다.

2) 어휘력으로 학습의 효율을 높일 수 있다

❶ 어휘력은 학습의 기초다

어휘는 모든 교과목을 이해하는 기초이다. 교과서나 학습 자료에 사용되는 용어는 대부분 추상적이거나 전문적인 단어로 구성되어 있다. 이 단어를 이해하지 못하면 학습을 제대로 할 수 없다. 글의 내용을 이해하려면 어휘를 정확히 알고 있어야 한다. 특히 한자어를 익히는 것은 교과서를 읽고, 학문적 사고를 이해하며, 학습의 질을 높이는 데 필수적이다.

• 예시

국어: 문학 작품의 주제를 이해하려면 '상징', '비유' 등의 어휘를 알아야 한다.

수학: '함수', '비례', '대수' 등의 개념어를 모르면 문제를 이해할 수 없다.

과학: '증발', '응결', '질량' 등의 용어를 이해해야 개념을 파악할 수 있다.

❷ 어휘력은 학습 효율을 높인다

어휘는 사고의 도구이다. 어휘력이 높을수록 학습 효율이 크게 향상된다. 교과서를 읽는 시간이 단축되고, 더 많은 정보를 이해할 수 있다. 새로운 개념을 학습할 때 기존 어휘와 연결하여 쉽게 익힐 수 있다. 풍부한 어휘를 통해 문제를 분석하고 창의적인 해결책을 모색할 수 있다.

- 예시: 사회 교과서에서 '민주주의(民主主義)'의 의미를 이해하면 정치 제도의 본질을 파악하고, 문제점을 분석하는 사고력을 기를 수 있다.

❸ 어휘력이 늘어야 표현력이 자란다

어휘는 자신의 생각을 논리적으로 표현하는 능력과 밀접한 관련이 있다. 적절한 어휘를 선택하여 의사소통을 명확하게 할 수 있다. 논리적이고 설득력 있는 글쓰기를 위해서는 다양한 어휘를 익혀야 한다.

- 글쓰기: 다양한 어휘를 사용해 독창적인 글을 작성할 수 있다.
- 발표: 설득력 있는 어휘로 청중을 이해시키고 설득할 수 있다.
- 토론: 상대방의 주장을 분석하고 논리적으로 반박할 수 있다.

3) 독서는 어휘력 향상의 원천이다

❶ 독서는 어휘력의 원천

독서는 새로운 단어를 접하고, 이를 맥락 속에서 익히는 가장 효과적인 방법이다. 단어를 단순히 암기하는 것이 아니라, 글 속에서 활용되는 방식을 자연스럽게 익힐 수 있다.

❷ 문맥을 통한 어휘를 익혀라

독서 중 낯선 단어를 만나면 문맥 속에서 뜻을 유추할 수 있다. 이는 단순한 암기보다 오래 기억되며, 학습에 실질적으로 활용할 수 있다.

- 예시: '산업화'라는 단어를 처음 접했을 때, 글의 흐름을 통해 경제와 기술 발전의 의미를 이해할 수 있다.

❸ 독서와 어휘를 연계하여 학습하자

독서 후 새로 배운 단어를 기록하고, 글로 활용하며 반복 학습한다. 독서에서 얻은 어휘를 교과목 학습에 적용할 수 있다.

어휘력을 키우는 5단계 독서 방법

기본은 무엇보다 다양한 장르의 독서를 하는 것이다. 문학의 경우, 상상력과 감정을 자극하는 어휘를 학습하게 되며, 비문학을 읽으면서는 논리적 사고와 학문적 어휘를 학습할 수 있다.

❶ 기적의 단계별 독서로 어휘 확장

• 초등학생

목표: 기본 어휘와 생활 중심의 단어를 익힌다.

활동: 글을 읽은 후 새로운 단어를 그림이나 문장으로 표현한다.

• 중학생

목표: 교과서와 연결되는 개념 어휘를 익힌다.

활동: 낯선 단어를 문맥에서 찾고 개념을 정리한다.

• 고등학생

목표: 학문적 어휘와 전문 용어를 익힌다.

활동: 단어를 에세이와 토론에 활용하며 어휘의 깊이를 표현한다.

❷ 어휘 노트 작성

낯선 단어를 기록하고, 뜻과 예문을 작성하여 반복 학습한다.

한자어, 전문 용어를 중심으로 주제별로 분류한다.

• 예시

단어: 자본주의

뜻: 경제 체제에서 사적 소유와 이윤 추구를 중심으로 한 구조.

예문 활용 : 자본주의 사회에서는 기업의 이윤 추구가 경제 활동의 핵심이다.

❸ 교과서 중심의 어휘 학습

교과서에는 추상적이고 복잡한 개념이 많이 등장하며, 이를 이해하려면 해당 어휘에 대한 충분한 지식이 필요하다. 교과서에서 중요한 용어를 미리 파악하고, 독서와 연결하여 학습한다. 학습한 단어를 사용해 요약문, 에세이를 작성한다.

- 예시
  - 사회: 교과서의 '민주주의' 개념을 익힌 뒤 『제인 에어』를 읽으며 자유와 평등의 맥락을 연결한다.
  - 수학: '유리수(有理數)'와 '무리수(無理數)'의 뜻을 이해해야 계산 문제를 해결할 수 있다.
  - 과학: '분열(分裂)'과 '융합(融合)'의 차이를 알아야 생물의 세포 분열 과정을 이해할 수 있다.

❹ 한자어 익히기

한국어 어휘의 약 70%는 한자어로 구성되어 있다. 이는 일상 언어뿐만 아니라 학문, 행정, 법률, 과학 등 다양한 분야에서 사용된다. 한자어는 추상적 개념과 정확한 표현을 전달하는 데 유리하며, 학문적 사고와 논리 전개의 중요한 기초이다.

한자어를 익히는 것은 교과서를 읽고, 학문적 사고를 이해하며, 학습의 질을 높이는 데 필수적이다.

• 예시

일상어: 학교(學校), 친구(親舊), 시간(時間)

학문어: 분석(分析), 이론(理論), 논증(論證)

전문어: 자본주의(資本主義), 생태계(生態系)

⑤ 독서 후 활용 활동

• 글쓰기: 독서 후 새로 배운 어휘를 사용해 요약문을 작성한다.

• 발표: 책의 주요 내용을 발표하며 어휘 활용 능력을 강화한다.

• 토론: 책의 주제를 바탕으로 어휘를 활용해 토론한다.

어휘력은 독서와 학습의 시작이자 끝이다

어휘는 모든 학습의 기반이자 사고의 도구이다. 특히 한자어가 많은 비중을 차지하는 우리나라의 어휘는 교과서 이해와 학업 성취에 필수적이다. 독서를 통해 어휘력을 확장하고, 교과서 어휘를 체계적으로 학습하여 학습 효율을 높이는 것이 중요하다. 언어를 익히는 시기, 독서를 하는 시기부터 꾸준한 어휘 학습은 공부머리를 키우고, 나아가 평생 학습의 기반이 될 것이다.

과목별 어휘 이해의 중요성

어휘력은 모든 과목의 성취도와 밀접한 관계가 있다. 어휘를 모르면 문제를 이해하지 못하고, 학습 동기도 약해질 수 있다. 풍부한 어휘는 시험에서 문제를 해결하는 데 있어 시간 단축과 정답률을 높이는 데 도움을 준다.

- 국어: 문학, 비문학을 읽으며 문맥 속에서 어휘의 의미를 파악하고 글쓰기 실력을 키운다.
- 사회: 역사적, 정치적 개념을 익히며 사고력을 확장한다.
- 과학: 기술적 용어를 익혀 실험과 이론을 정확히 이해한다.
- 수학: 문제 풀이에서 사용되는 어휘를 익혀 문제의 의도를 정확히 파악한다.

그녀쌤의 기적 TIP

교과서 어휘를 익히는 방법

방법

❶ 주제별 어휘 정리

교과서에서 자주 등장하는 어휘를 주제별로 정리한다.

• 예시

과학: 증발(蒸發), 응결(凝結), 융합(融合)

사회: 민주주의(民主主義), 자본주의(資本主義), 인권(人權)

❷ 어휘 노트 작성

새로 배운 단어를 기록하고 뜻, 예문, 그림 등을 추가해 학습한다.

• 예시

단어: 화합물(化合物)

뜻: 두 가지 이상의 원소가 결합하여 이루어진 물질.

예문: 물은 산소와 수소로 이루어진 화합물이다.

❸ 맥락 속에서 어휘 학습

단어를 단순히 외우는 것보다 글 속에서 어휘를 학습하면 이해와 기억이 더 쉽다.

- 활동: 교과서 문단을 읽고, 낯선 단어의 뜻을 문맥 속에서 유추한다.
- 예시: 산업화(産業化)는 농업 중심의 경제 구조에서 공업과 서비스업 중심으로 바뀌는 것을 의미한다.

❹ 독서를 통한 어휘 확장

교과서와 관련된 주제의 도서를 읽으며 어휘력을 확장한다.

- 추천 도서

국어: 『프린들 주세요』

사회: 『왜 세계의 절반은 굶주리는가』

과학: 『숨 쉬는 도시 꾸리찌바』

❺ 어휘 게임 활용

퀴즈, 플래시 카드, 퍼즐 등을 활용해 학습의 흥미를 높인다.

- 활동: '한자어 퍼즐'로 교과서에 자주 나오는 단어를 학습한다.

교과서 어휘 익히기의 실천 예시

❶ 초등학교

- 단원: 우리 고장의 자연
- 어휘: 하천(河川), 산맥(山脈), 대륙(大陸)
- 활동

- 하천과 산맥의 그림을 보며 단어와 개념을 연결한다.
- '대륙은 왜 중요할까?'와 같은 질문을 통해 단어의 의미를 확장한다.

❷ 중학교

- 단원: 문학 속의 삶
- 어휘: 상징(象徵), 은유(隱喩), 비유(比喩)
- 활동: 시를 읽으며 상징적 표현을 찾고, 이를 자신의 감정에 연결해 나만의 은유를 만들어본다.

❸ 고등학교

- 단원: 산업화와 도시화
- 어휘: 산업화(産業化), 도시화(都市化), 환경 문제(環境問題)
- 활동: 교과서 사례를 바탕으로 에세이를 작성한다.
- 예시: '산업화가 환경에 미친 영향'이라는 주제로 토론

4.

독해력과 독서력, 학습 능력의 두 가지 본질

독서는 다양한 목적과 방법에 따라 독해력과 독서력을 요구한다.

독해력: 글의 의미를 정확히 이해하는 능력

독서력: 이를 바탕으로 글을 깊이 파악하고 해결하는 능력

이 두 능력은 독서의 본질적인 두 축으로, 상호 보완적이며, 각각의 구성요소는 독서의 질과 효과를 결정한다. 독서의 목적과 종류에 맞는 독해력과 독서력 훈련을 통해 독서와 학습 모두 성공할 수 있다.

1) 독해력: 글을 이해하는 능력을 키우자

독해력의 요소는 2가지다. 바로 집중력, 언어 직관력이다.

집중력은 글을 읽는 동안 주의 집중을 유지하고, 핵심 내용을 빠르게 파악하는 능력이다. 예를 들면 긴 문장을 읽는 중에도 흐름을 놓치지 않고 주요 내용을 이해하거나, 뉴스 기사에서 '사건의 원인과 결과'를 빠르게 파악하는 것에는 집중력이 필요하다.

언어 직관력은 단어와 문맥을 통해 의미를 즉각적으로 추론하는 능력이다. 예를 들면 '기후 변화가 전 지구적으로 문제를 야기하고 있다.'라는 문장을 읽고 '야기'라는 단어의 뜻을 문맥을 통해 자연스럽게 이해할 수 있는 것이다. 또한 광고 문구 '지금 사면 반값!'을 읽고 '긴급성과 혜택'이라는 의미를 직관적으로 파악하는 것도 언어 직관력이다.

독해력을 키우는 방법은 3가지로 정리할 수 있다.

- 짧은 글 읽기 연습: 짧은 문장, 뉴스, 헤드라인, 단문 자료 등을 읽고 핵심 내용을 요약한다.
- 질문하며 읽기: '이 문장에서 중요한 내용은 무엇인가?'를 생각하며 읽는다.
- 문맥에서 의미 추론하기: 모르는 단어가 나와도 문맥으로 유추해 보며 읽는다. 다음 이어질 내용을 예상하며 읽는다.

독해의 종류- 단문 독해와 장문 독해

단문 독해와 장문 독해는 독서 과정에서 요구되는 독해 기술의 두 가지 중요한 영역이다. 이들은 각각 다른 목적과 기술을 필요로 하며, 병행하면 독해력과 사고력을 더욱 효과적으로 키울 수 있다.

❶ 단문 독해

짧고 간결한 글을 읽고 핵심 메시지를 빠르게 파악하는 독해 방식이다. 주로 뉴스 기사, 광고 문구, 헤드라인, 짧은 에세이와 같은 텍스트에 적용된다.

– 짧은 길이: 간결하고 직관적인 글로 구성.

– 핵심 정보 제공: 세부 설명보다는 주제와 주요 내용을 전달.

– 빠른 독해: 읽는 시간이 짧으며, 집중적으로 정보 추출.

• 장점

– 핵심 정보 파악 능력 강화: 중요한 내용을 빠르게 요약하고 이해할 수 있다.

예시: '폭우로 인해 도로가 폐쇄되었다.'라는 문장에서 원인과 결과를 파악한다.

– 즉각적 판단과 응용 가능: 실시간으로 정보를 이해하고 활용한다.

• 훈련 방법

– 뉴스 기사 읽기: 헤드라인과 요약 내용을 빠르게 읽고 이해한다.

예시: '새로운 전염병, 전 세계에 확산' → 주제 파악

– 질문하며 읽기: '이 문장이 말하려는 핵심은 무엇인가?'

예시: '기온 상승이 북극 생태계에 미치는 영향'에서 주제 이해

– 요약과 재구성: 단문을 읽고 한두 문장으로 요약한다.

❷ 장문 독해

긴 글을 읽고 전체 맥락을 이해하며 세부적인 내용을 분석하는 독해 방식이다. 주로 소설, 논문, 학술 자료, 장편 에세이와 같은 텍스트에 적용한다.

– 긴 길이와 복잡성: 다수의 주제, 사건, 설명이 포함된다.

– 전체 구조 파악 필요: 글의 전반적인 흐름과 논리를 이해해야 한다.

– 심층적 분석 요구: 각 세부 내용 간의 연관성과 맥락을 파악한다.

• 장점

– 논리적 사고와 분석력을 강화한다.

– 글의 구조와 논리를 이해하며 사고를 확장한다.

예시: 논문에서 연구 문제와 해결 방안을 분석

– 심화된 이해와 공감 능력: 인물의 감정 변화나 복잡한 사건을 통해 깊이 있는 통찰을 한다.

예시: 소설에서 주인공의 선택 배경 탐구

– 지식 통합과 응용 능력 향상: 여러 정보를 종합적으로 이해하고 새로운 지식을 창출한다.

예시: 학술 자료를 읽고 보고서를 작성

• 훈련 방법

– 구조 파악: 목차와 소제목을 미리 읽어 글의 흐름을 이해한다.

예시: 논문에서 '서론–방법–결과–결론'의 구조 파악

– 비판적 읽기: 저자의 주장에 대해 찬반 의견을 작성한다.

예시: '이 주장이 현실적으로 타당한가?'

– 메모와 요약: 읽은 내용을 자신의 언어로 요약한다.

예시: 소설 한 챕터를 요약하며 주제를 정리

<단문 독해와 장문 독해 비교>

구분	단문 독해	장문 독해
목적	빠르게 핵심 정보 요약	글의 전체 맥락과 세부 내용을 심층적으로 이해
텍스트 유형	짧은 글, 뉴스 기사, 광고 문구 헤드라인, 짧은 에세이	소설, 논문, 학술 자료, 장편 에세이
요구 능력	집중력, 언어 직관력	논리적 사고, 비판적 사고, 맥락 이해
독해 방식	키워드 중심의 빠른 독해	구조 파악, 세부 내용 분석, 전반적 흐름 이해
예시	'홍수로 인해 100가구 대피'에서 주요 내용 파악	'홍수가 발생한 원인과 정부의 대응책' 분석
훈련 효과	빠른 정보 처리, 핵심 요약 능력 강화	논리적 사고, 심화 학습, 응용력 향상

단문 독해와 장문 독해는 병행하자!

두 가지 독해는 병행되어야 시너지가 난다.

❶ 독서 효율성 증대

- 단문 독해로 빠르게 정보를 이해하고, 장문 독해로 이를 심화한다.
- 예시: 뉴스 기사로 사건 개요 파악 후, 관련 학술 논문으로 배경 분석한다.

❷ 독해력과 독서력 동시 강화

- 단문 독해는 독해력을, 장문 독해는 독서력을 키운다.
- 두 가지를 병행하면 짧은 정보부터 긴 글까지 다룰 수 있는 균형 잡힌 능력이 발달한다.

❸ 다양한 상황에 적응 가능

- 실생활에서 짧은 문서(이메일, 뉴스)와 긴 문서(보고서, 논문)를 모두 효과적으로 처리한다.
- 예시: 이메일로 업무 핵심 내용을 빠르게 파악한 뒤, 관련 보고서를 심층적으로 분석한다.

두 가지 독해를 병행하는 훈련하는 방법은 3가지가 있다. 먼저 단문 독해로로 기본 개념 파악 후, 장문 독해로 심화 학습을 하는 것이다. 예를 들면 '전기차 판매 증가'와 관련된 짧은 뉴스 기사를 읽고 관련 보고서를 탐구하는 것이다.

단문에서 정보를 얻고, 장문에서 이를 분석하고 확장한다는 목적을 중심으로 독해하면 더욱 효과가 있다. 이에 따라 질문도 던져 볼 수 있다.

단문: '이 글의 핵심은 무엇인가?'

장문: '왜 이런 주장을 했고, 나는 어떻게 생각하는가?'

단문 독해와 장문 독해는 서로 보완적인 독해 방식으로, 함께 활용하면 독서와 학습에서 시너지 효과를 발휘한다. 단문은 빠르고 효율적인 정보 처리를, 장문은 심층적 이해와 사고력 강화를 돕는다. 두 가지를 병행하면 짧은 정보와 긴 글을 모두 다룰 수 있는 능력을 키우고, 학습, 업무, 일상에서 독해의 효과를 극대화할 수 있다.

단문 독해와 장문 독해의 활용 예시

- 예시 1: 학습
  - 단문 독해: 교과서 요약 박스에서 '프랑스 혁명: 1789년, 왕정 폐지, 인권 선언 발표'라는 주요 내용을 파악한다.
  - 장문 독해: 교과서 본문을 읽으며 프랑스 혁명의 배경, 과정, 결과를 심층적으로 이해한다.

• 예시 2: 직장
- 단문 독해: '긴급 회의 요청: 프로젝트 일정 지연'이라는 이메일 제목에서 상황을 파악한다.
- 장문 독해: 프로젝트 보고서를 읽으며 일정 지연의 원인과 해결 방안을 탐구한다.

• 예시 3: 일상
- 단문 독해: 뉴스 헤드라인 '기후 변화로 농업 생산량 감소'에서 주요 이슈를 이해한다.
- 장문 독해: 기후 변화의 원인과 농업 생산량 감소에 대한 상세 보고서를 읽으며 깊이 있는 통찰을 도출한다.

2) 독서력: 읽고 사고하며 적용하자

독서력의 요소는 2가지로 구분할 수 있다. 독서 방법, 독서 지구력이다.

먼저, 글의 목적과 내용에 맞는 효과적인 읽기 전략을 사용해야 한다. 이것이 바로 독서 방법을 달리 하는 능력이다.

• 예시
- 학습 독서를 할 때 SQ3R(훑어보기, 질문하기, 읽기, 요약하기, 복습하기) 방법을 적용하여 나에게 맞는 방법을 찾는다.
- 소설을 읽으며 인물의 감정을 추론하고 상상력을 확장한다.
- 영역별 독서를 하며 나에게 알맞은 독서 방법을 찾는다.

독서 지구력은 긴 글이나 어려운 내용을 집중해서 끝까지 읽어 내는 능력을 말한다. 장편 소설을 끝까지 읽으며 줄거리와 주제를 파악하고, 비문학 지문을 집중해서 읽으며 핵심 내용을 파악하고, 어려운 학술 논문을 읽으며 각 섹션을 요약하고 이해하는 것 모두 독서 지구력과 관련이 있다.

독서력을 키우는 방법은 3가지로 정리할 수 있다.

- 독서 계획 세우기: 읽을 분량과 목표를 정해 나만의 독서력이 생길 수 있도록 한다.
- 다양한 글 읽기: 장문, 단문, 문학, 비문학 등 다양한 텍스트를 경험한다.
- 독후 활동: 책을 읽고 요약, 글쓰기, 토론 등으로 확장한다.

<독서의 구성 요소 간 관계>

구분	독해력	독서력
목적	글의 표면적 의미를 정확하게 이해	글의 심층적 의미를 파악하고 사고와 연결
구성요소	집중력, 언어 직관력	독서 방법, 독서 지구력
예시	글의 문장, 문단에서 핵심 내용을 파악	장문의 문학, 비문학 글을 읽고 주제를 찾고 자신의 경험과 연결하여 사고 확장
발달 방법	짧은 글 읽기 핵심 문장 찾기 문맥 유추	긴 글 읽기 훈련, 독후 활동 다양한 영역 독서 나만의 독서 방법 찾기

3) 독해력 + 독서력 = 독서는 어떻게 이루어지는가?

'기후 변화가 전 세계적으로 심각한 영향을 미치고 있다.'라는 문장을 포함한 기사를 읽는다고 해 보자. 이때 독해력과 독서력은 다음과 같이 활약한다.

❶ 독해력

- 집중력: 문장 속 '기후 변화', '심각한 영향'이라는 핵심 표현을 빠르게 파악한다.
- 언어 직관력: '심각한 영향'이 구체적으로 무엇을 의미하는지 유추한다.

❷ 독서력

- 독서 방법: 기사의 구조를 분석하며 '원인–결과' 관계를 파악한다.
- 독서 지구력: 기사의 전체 내용을 읽고, 관련 주제를 더 깊이 탐구한다.

독해력과 독서력을 균형적으로 사용한 독서는 5가지의 장점을 가지게 된다.

❶ 정서적 성장

- 문학 작품을 통해 감정을 이해하고 공감 능력을 키운다.

예시: 소설 속 등장 인물의 상황에 공감하며 자신의 감정도 성찰한다.

❷ 지식 확장

• 다양한 주제의 글을 읽으며 새로운 정보를 습득한다.

예시: 과학책에서 물리적 원리를 배우고 이를 실생활에 응용한다.

❸ 사고력 향상

• 글의 구조와 논리를 분석하며 비판적 사고 능력이 향상한다.

예시: 책의 주장에 대해 찬반 의견을 정리하고 자신의 입장을 형성한다.

❹ 문제 해결 능력

• 글을 읽고 정보를 활용해 실제 문제를 해결한다.

예시: 자기계발서를 읽고 시간 관리 원칙을 일상에 적용한다.

❺ 학습 능력 강화

• 학습 자료를 효과적으로 읽고 이해하며 성적 향상에 도움이 된다.

예시: 교과서를 읽고 중요한 내용을 요약해 시험을 대비한다.

독해력과 독서력을 통한 독서의 장기적 효과

❶ 언어 능력 발달

- 독서를 통해 어휘력, 문장력, 표현력을 향상하게 한다.

❷ 창의력 강화

- 다양한 글을 읽으며 새로운 아이디어를 떠올린다.

❸ 사회적 능력 향상

- 독서 경험을 바탕으로 대화와 토론 능력을 향상하게 한다.

독해력과 독서력은 독서를 통해 정보를 이해하고 이를 심화하는 필수 두 가지 능력이다. 제대로 된 독서는 독해력(집중력과 언어 직관력)과 독서력(독서 방법과 독서 지구력)을 균형 있게 키우는 것을 말한다. 독서는 단순한 정보 습득을 넘어 학습, 사고, 정서적 성장까지 이끌어준다. 체계적인 독서를 통해 지식과 사고력을 확장하고, 삶의 다양한 영역에서 성공적으로 활용할 수 있다.

5.

영역별로 다르게 읽어야 성적과 사고력을 잡는다

독서는 책의 내용을 제대로 이해하고 삶에 적용하며 성장하는 과정이다. 각 분야의 독서에 있어 그저 많이 읽기만 하면 겉핥기식 이해에 그칠 수 있지만, 제대로 된 독서는 깊이 있는 사고와 문제 해결 능력을 길러 준다.

특히 아이마다 독서 방법이 다른 이유를 파악하고 이해해야 한다. 아이에게 맞는 맞춤형 전략을 적용해야 독서 효과는 배가 된다. 아이의 개인별 맞춤 독서 지도로 문학, 인문, 사회, 과학, 예술, 진로 영역별 읽기가 제대로 된다면 학교 교과서와 연계한 학습서 읽기까지 가능해진다. 이러한 개인 맞춤형 독서 지도 전략을 활용하면 독서는 단순한 읽기를 넘어 학습, 성장, 사유, 통찰을 제공하는 강력한 도구가 된다.

많이 읽기 vs. 제대로 읽기의 차이

1) 많이 읽기의 한계

- 표면적 이해: 읽는 양이 많아도 내용의 핵심을 파악하지 못하면 책의 진정한 가치를 놓친다.
- 기억의 단기화: 피상적으로 읽은 내용은 금방 잊히며, 학습이나 실생활에 적용하기 어렵다.
- 사고력 부족: 깊이 있는 사고와 문제 해결 능력은 충분히 발달하지 않는다.

2) 제대로 읽기의 가치

- 깊이 있는 이해: 책의 구조와 내용을 체계적으로 이해하여 학습 효과를 극대화한다.
- 지식의 지속 가능성: 이해한 내용을 장기 기억으로 남기고 실생활에 응용할 수 있다.
- 창의적 사고와 적용: 책의 내용을 확장해 새로운 아이디어와 문제 해결 방법을 찾고 적용한다.

왜 아이마다 독서 방법을 달리해야 할까?

1) 발달 단계(언어 발달, 인지 발달 수준)가 다르다

초기 읽기 단계, 초등 저학년 아이는 단순하나 문장과 그림, 이야기 중심의 직관적 글을 선호한다. 독해 단계, 초등 고학년 아이는 복잡한 문장과 추상적인 개념도 소화 가능하고, 논리적인 정보 중심의 글도 읽을 수 있다. 아이마다 발달 단계가 다르고, 발달 단계별로 읽기 속도, 어휘 이해, 문장 구조 이해에 따라 이해도가 다르다.

2) 학습 스타일이 다르다

시각적 학습형 아이들은 그림과 다이어그램 활용, 삽화가 많은 책에서 더 큰 흥미를 느낀다. 청각적 학습형인 아이들은 낭독이나 오디오 북 활용이 효과적이다. 체험 중심 학습자 아이들은 책 내용을 활동으로 연결하는 것을 선호한다.

3) 성향과 관심사가 다르다

감정 표현이 풍부한 아이는 문학 도서를 선호하는 편이다. 반면 논리적 사고를 즐기는 아이는 비문학이나 정보 중심 책을 선호한다. 특정 분야(과학, 예술, 스포츠 등)에 대한 관심이 높을수록 관련 도서에 집중하는 경향이 있다.

4) 독서 경험이 다르다

이전 독서 경험이 풍부한 아이는 긴 글과 어려운 주제도 즐기지만, 경험이 적은 아이는 쉬운 책부터 시작해야 흥미를 유지할 수 있다.

5) 독서 환경이 다르다

가정이나 학교에서의 독서 분위기, 독서 자원의 접근성 등이 독서 방식에 영향을 준다.

맞춤형 독서법을 위한 지도 전략 3단계

1) 아이의 특성 파악

먼저 관심사를 탐색한다. 대화를 통해 아이가 좋아하는 주제를 발견할 수 있다. 예를 들면 '네가 가장 궁금한 건 뭐야?'라고 질문할 수 있다. 이야기를 나눈 후 성향에 맞는 자료를 제공한다. 그림책, 만화, 글 위주의 책 등 다양한 형태가 될 수 있다.

2) 독서 후 활동

'가장 재미있던 장면은?', '이 책에서 배운 점은?' 등을 질문하고 이야기 나눈다. 그림 그리기, 요약하기, 발표 등 다양한 방식으로 창작 활동을 하여 책의 내용을 표현한다.

3) 단계적 접근

쉬운 책부터 시작한다. 관심 있는 주제의 간단한 책으로 흥미를 유발하는 것이다. 읽기에 익숙해지면 점차 어려운 책으로 확장한다. 영역도 마찬가지다. 익숙한 영역에서 새로운 영역으로 확장한다.

어려운 도서 대처하는 방법

1) 난도 조절

- 쉬운 버전의 도서로 시작: 경제 도서를 어려워한다면, 스토리 중심의 경제 입문서를 추천한다. 경제 용어를 어려워한다면 경제 만화를 읽은 후 경제 도서를 읽어도 된다.

  예시: 『10대를 위한 경제 이야기』 같은 도서
- 짧고 간단한 자료 활용: 짧은 기사, 뉴스 클립, 유튜브 동영상을 통해 개념을 익힌다.

2) 사전 학습

- 핵심 용어 미리 익히기: 도서의 핵심 용어(예시: 공급, 수요, 인플레이션)를 먼저 학습한다. 용어를 간단히 설명하거나 그림으로 표현한다.
- 배경지식 강화: 관련된 주제의 쉬운 자료를 먼저 읽고 난도 높은 도서를 읽는다.

3) 분량 나누기

- 하루에 한 챕터나 한 주제씩 나눠서 읽는다. 한꺼번에 다 읽으려고 하지 않는다.
- 어려운 부분은 스스로 읽기보다 낭독하거나 부모, 교사와 함께 읽는다.
- 읽었던 부분의 용어나 핵심 개념을 요약 정리, 마인드맵 한다.

4) 비주얼 도구 활용

- 도서 내용과 관련된 그림, 표, 다이어그램 등을 활용해 시각적으로 이해를 돕는다.

경제 도서를 어려워하는 경우의 독서 방법 개선 예시

1) 경제 개념의 시각화

- 실생활 사례로 연결: 수요와 공급을 아이의 경험과 연결한다.

  예시: '여름철에 아이스크림 가격이 왜 올라갈까?'

- 표와 그래프 활용: 책에 나오는 그래프를 보고, 직접 비슷한 그래프를 그려보며 개념 이해를 돕는다.

2) 요약과 질문 활용

- 챕터별 요약: 각 챕터에서 배운 내용을 한두 문장으로 요약한다.
  예시: 이 장에서는 인플레이션이 돈의 가치를 떨어뜨린다.
- 질문 만들기: '이 개념이 나의 용돈 관리에 어떤 도움을 줄까?'와 같은 질문으로 책의 내용을 실생활과 연결해 보며 장기 기억으로 연결한다.

3) 단계적 학습

- 입문 도서 활용: 쉬운 경제 만화책이나 스토리 중심 경제서를 먼저 읽고, 이후 심화 도서를 시도한다.
  예시: 『맛있는 경제학』 → 『경제학 콘서트』 순서로 진행
- 소그룹 토론: 친구나 가족과 함께 책의 내용을 토론하며 이해를 확장한다.

아이들이 어려운 도서를 읽을 때는 독서 방법을 조정하고, 책의 내용을 효과적으로 이해하도록 돕는 것이 중요하다. 특히 사회 분야의 경제 도서나 비문학 도서는 전문 용어와 복잡한 개념 때문에 아이가 어려워할 수 있다. 문학과 같은 독서 방법으로 읽지 않아야 한다. 이때 개인 맞춤형 독서 지도 전략이 필요하다. 아이에게 맞는 단계적 접근과 구체적인 독서 전략이다.

어려운 도서를 효과적으로 읽으려면, 난이도 조정, 사전 학습, 분량 나누기를 활용하고, 밑줄 긋기와 요약을 통해 중요한 내용을 파악해야 한다. 비문학 도서의 경우, 구조적 읽기와 실생활 연결을 통해 내용을 깊이 이해

할 수 있다. 경제 도서와 같은 추상적 주제는 시각 자료와 실생활 사례를 통해 구체화하며, 단계적으로 난도를 올리는 방식이 효과적이다.

밑줄 긋기와 요약 정리를 활용하자

1) 밑줄 긋기

- 중요 문장에 표시한다.
- '핵심 문장', '궁금한 내용', '추가 학습이 필요한 부분'에 밑줄을 긋는다.
- 코드 활용: 밑줄을 색깔이나 기호로 구분한다.

  예시: 빨간색(중요 개념), 파란색(추가 학습이 필요한 내용), 밑줄(더 알아볼 내용)

2) 요약 정리

- 구조적 요약: 책의 목차나 큰 주제를 기준으로 내용을 요약한다.

  예시: 수요 → 가격과의 관계 → 실제 사례
- 마인드맵 활용: 핵심 개념을 중심으로 연결된 아이디어를 마인드맵으로 시각화한다.

3) 요약 후 질문 만들기

- '내가 배운 개념을 한 문장으로 설명할 수 있을까?'와 같은 질문을 통해 내용을 점검한다.

비문학 도서를 효과적으로 읽는 방법

1) 비문학 독서의 핵심

- 목적 이해: 글의 목적(정보 제공, 주장, 설명)을 파악하기. '이 글이 나에게 무엇을 알려주려고 하는가?'를 질문하며 읽는다.
- 구조 파악: 서론–본문–결론 구조를 이해하며 읽는다.

2) 전략적 읽기 방법

- 목차 미리보기: 제목, 목차, 소제목, 강조된 문장을 훑어보며 글의 흐름을 이해한다.
- 질문하며 읽기: '왜?', '어떻게?' 같은 질문을 던지며 읽는다.
- 핵심 문장 찾기: 단락마다 핵심 문장(주제문)을 표시한다.

3) 독서 후 확인

- 요약하기: 각 단락의 주제를 한두 문장으로 요약한다.
- 재구성: 읽은 내용을 자신의 말로 재구성한다.

  예시: '저자는 이 글에서 경제 성장이 환경에 미치는 영향을 설명했어.'

공부머리를 만드는 독서법

1) 교과 연계 독서

- 책에서 배운 내용을 교과 개념과 연결한다.

  예시: 「어린이를 위한 경제 이야기」 → 4학년 2학기 사회 교과서 2단원 〈필요

한 것의 생산과 교환〉으로 연결한다.

2) 실생활 적용

- 책의 내용을 실천 활동으로 연결한다.

  예시: 경제 도서를 읽고, 용돈 관리 프로젝트를 실행한다.

3) 비판적 사고 훈련

- 책의 주장 검토: '이 주장이 논리적인가?'를 질문하며 읽는다.
- 찬반 의견 작성: 저자의 주장에 대한 자신의 찬반 의견을 글로 정리한다.

아이에게 알맞은 영역별 독서 방법이 정착되면 독서 능력은 물론, 공부 머리와 자기주도 학습 능력을 함께 키울 수 있다.

6.

ChatGPT, 책 읽기의 미래에 적응하라

ChatGPT, 아이들이 해야 할 독서의 방향

우리는 AI가 빠르게 발전하며 일상 곳곳에 스며들고 있는 시대를 살고 있다. ChatGPT와 같은 인공지능은 방대한 정보를 빠르게 처리하고, 우리에게 필요한 답을 손쉽게 제공한다. 하지만 AI의 시대에도 독서는 여전히 중요한 도구로 남아 있다. 오히려 기술이 발전할수록 독서의 가치는 더욱 커질 것이다. AI가 빠르게 발전하면서 우리의 삶은 점점 더 편리해지고 있다. ChatGPT와 같은 인공지능은 방대한 정보를 빠르게 처리하고, 질문에 답하며, 학습과 일상생활을 도와준다. 하지만 이런 시대일수록 독서는 결코 대체될 수 없는 중요한 역할을 한다.

독서는 단순히 정보를 얻는 것을 넘어, 사고하고, 상상하며, 인간답게 성장하는 데 필수적인 도구이다. 앞으로도 독서는 우리가 AI를 활용해 더 나은 세상을 만들어가는 데 중심이 될 것이다.

AI 시대, 독서가 중요한 이유

AI는 정보를 제공하는 데 매우 효율적이지만, 새로운 가치를 만들어낼 수는 없다. 정보를 이해하고 활용하며 새로운 가치를 만들어내는 것은 인간만이 할 수 있는 일이다. 특히 정보의 양이 기하급수적으로 늘어나는 시대에는 비판적 사고와 창의력이 더욱 필요하다. 미래 사회는 단순히 기술을 따라가는 사람이 아니라, 기술을 활용해 새로운 길을 여는 사람이 주도권을 가질 것이다.

독서는 인간의 사고력을 유지하고, AI가 대체할 수 없는 인간의 능력을 강화한다. 이로써 우리가 기술의 도구가 되는 것을 막고, 기술을 우리 삶의 도구로 활용할 수 있도록 돕는다. 독서는 단순히 과거의 유산이 아니라, 우리의 미래를 준비하는 열쇠다.

❶ 비판적 사고력을 길러준다

AI는 많은 정보를 제공하지만, 그 정보가 항상 정확하거나 완전하지는 않다. 독서를 통해 우리는 다양한 관점을 접하며 정보를 분석하고 판단하는 능력을 기를 수 있다. 책을 읽으며 스스로 '왜?'와 '어떻게?'라는 질문을 던지는 과정은 AI가 제공하는 답을 비판적으로 평가하고, 필요한 정보를 선별하는 데 중요한 역할을 한다.

❷ 창의적 사고를 자극한다

AI는 데이터를 조합해 패턴을 찾는 데 강하지만, 새로운 아이디어를 창출하는 창의력은 인간의 고유한 능력이다. 독서는 우리의 상상력을 자극하고, 기존의 지식을 새롭게 연결하며, 창의적인 사고를 키워준다. 문학, 과학, 예술 등 다양한 분야의 책은 우리에게 새로운 시각을 열어준다. 이러한 창의력은 AI가 대체할 수 없는 인간만의 힘이다.

❸ 공감과 인간다움을 유지한다

AI는 정보를 처리할 수 있지만, 인간처럼 감정을 느끼거나 공감할 수는 없다. 독서는 다양한 인물과 이야기를 통해 다른 사람의 감정을 이해하고, 공감 능력을 키우는 데 도움을 준다. 문학과 역사책은 우리의 감정적 깊이를 확장하며, 인간다운 사회를 만드는 데 중요한 역할을 한다.

❹ 지식을 지혜로 연결한다

AI는 정보를 제공하지만, 그 정보를 삶에 적용하고 문제를 해결하는 지혜는 인간이 독서를 통해 얻을 수 있다. 책을 읽으며 얻은 지식은 단순한 정보의 축적이 아니라, 실제로 행동하고 실천하는 데 필요한 통찰을 제공한다. 독서는 우리가 단순히 정보를 소비하는 것을 넘어, 그것을 통해 성장하도록 돕는다.

미래를 위해 우리 아이들은 어떤 독서를 해야 할까?

AI 기술이 점점 발전하면서 우리의 삶은 더 빠르고 편리해지고 있다. ChatGPT와 같은 인공지능은 방대한 정보를 빠르게 제공하고, 궁금한 점에 대해 즉각적으로 답을 줄 수 있다. 하지만 이런 기술이 아무리 발전해도, 독서를 대체할 수는 없다. 독서는 여전히 사고력과 창의력, 그리고 공감 능력을 키우는 데 없어서는 안 될 중요한 활동이다. 특히 AI 시대에는 독서가 주는 가치가 더욱 커질 것이다.

AI는 질문에 따라 답을 구성한다. 좋은 질문을 만드는 능력은 독서를 통해 기를 수 있다. 책을 읽으면서 우리는 다양한 관점을 접하고, '왜 이런 결론에 도달했을까?', '다른 방법은 없을까?'와 같은 질문을 자연스럽게 떠올리게 된다. 이러한 사고의 과정은 AI가 제공하는 답을 비판적으로 검토하고, 필요한 정보를 선별하는 데 큰 도움이 된다.

❶ 다양한 분야의 책 읽기

문학, 과학, 예술, 사회 등 다양한 분야의 책을 읽으며 사고의 폭을 넓히는 것이 중요하다. 책을 통해 우리는 새로운 시각을 배우고, 복잡한 문제를 통합적으로 이해하는 능력을 키울 수 있다.

❷ 질문하며 읽기

책을 읽는 동안 '왜?', '어떻게?', '무엇을?'이라는 질문을 던지며 사고를 확장해야 한다.

질문은 단순히 독서를 넘어, AI와의 대화를 통해 지식을 심화하는 데도 유용하다.

③ 독서 후 실천으로 연결하기

책에서 배운 내용을 일상생활이나 학습 활동에 적용하며, 독서가 우리의 삶에 변화를 가져오도록 해야 한다. 프로젝트나 토론 활동으로 확장하는 것도 좋은 방법이다.

④ AI와 독서를 병행하기

AI는 책에서 다룬 어려운 내용을 쉽게 풀어주거나, 관련된 추가 정보를 제공하며 독서를 보완한다. AI와 독서를 함께 활용하면 학습 효과를 극대화할 수 있다.

⑤ 독서와 질문의 연결

질문은 AI 시대에 더욱 중요해지고 있다. AI는 질문에 따라 답을 구성하며, 질문의 수준이 정보의 질을 결정한다. 좋은 질문을 만들기 위해서는 독서를 통해 사고력을 길러야 한다.

독서를 통해 얻은 질문은 단순한 정보 요청을 넘어, 새로운 가능성을 탐구하고 더 깊은 대화를 이끌 수 있다.

독서는 창의적 사고를 키우는 데도 중요한 역할을 한다. 문학, 과학, 예술 같은 다양한 분야의 책은 새로운 아이디어를 떠올릴 수 있는 상상력을 자극한다. 예를 들어, 문학 작품 속 열린 결말을 자신만의 방식으로 이어가 보는 경험은 창의력을 확장하는 좋은 방법이다. 이러한 창의력은 AI가

대체할 수 없는 인간만의 고유한 능력이다.

또한, 책은 공감 능력을 키워준다. 문학과 철학, 역사 같은 책을 읽으며 우리는 다양한 사람의 삶과 이야기를 이해하고, 그들의 감정에 공감하는 법을 배운다. 이런 공감은 우리가 더 나은 사회를 만드는 데 중요한 기반이 된다. AI는 데이터를 분석할 수 있지만, 인간처럼 감정을 느끼거나 공감할 수는 없다. 이 점에서 독서는 우리를 더 인간답게 만들어주는 중요한 도구이다.

독서는 미래를 여는 열쇠다!
기적의 단계별 독서로 쌓아가자!

미래에도 독서는 우리가 세상을 이해하고, 스스로 성장하며, 문제를 해결하는 데 필수적인 역할을 할 것이다. 독서를 통해 얻은 지식은 단순한 정보로 그치지 않고, 삶에 적용할 수 있는 지혜로 연결된다. 과학책에서 배운 원리를 실험에 활용하거나, 경제 도서에서 얻은 통찰로 재정 관리를 개선하는 것은 독서가 삶에 실질적인 변화가 있는 좋은 예이다.

아이들이 해야 할 바른 독서의 방향은 명확하다.

첫째, 다양한 분야의 책을 읽으며 사고의 폭을 넓히는 것이 중요하다. 문학, 과학, 예술, 사회 등 다양한 주제를 탐구하며 세상을 다양하게 이해할 수 있다.

둘째, 책을 읽는 동안 '왜?', '어떻게?', '무엇을?'이라는 질문을 스스로 던지는 습관을 들이는 것이 좋다.

셋째, 읽은 내용을 실생활과 연결하며 실천으로 옮겨야 한다. 책에서 배운 내용을 바탕으로 환경 캠페인을 기획하거나, 과학 실험을 진행하는 활동은 독서를 더욱 의미 있는 경험으로 만들어준다.

AI와 독서를 함께 활용하면 학습 효과를 극대화할 수 있다. 책에서 이해하기 어려운 개념은 AI를 활용해 쉽게 풀어보고, 책과 관련된 추가 자료를 탐구하며 독서를 확장할 수 있다. 책을 읽고 AI와 토론하거나 질문을 통해 대화를 이어가는 방식도 추천한다.

결론적으로, 독서는 단순히 정보를 얻는 활동이 아니다. 그것은 우리가 사고하고 상상하며 성장할 수 있도록 돕는 과정이다. 세상을 이해하고, 자신을 발견하며, 더 나은 미래를 준비하는 과정이다. AI가 아무리 발전하더라도, 독서는 우리의 사고력을 유지하고, 창의력을 키우며, 인간다운 감정을 지키는 데 필수적인 역할을 할 것이다.

독서는 AI가 대체할 수 없는 우리의 사고와 감정, 인간다움을 지키는 도구이다. AI 시대에도 독서는 우리의 가장 중요한 자산이며 우리의 미래를 여는 열쇠다. 책을 읽는다는 것은 더 나은 질문을 만들고, 더 나은 결정을 내리며, 더 나은 세상을 설계하는 첫걸음이다. 그러니 책을 읽는 일을 멈추지 말아야 한다. 무엇보다 독서는 우리의 삶과 미래를 밝히는 가장 중요한 강력한 힘이다.

그녀쌤의 기적 칼럼

학업을 넘어 평생 책을 읽는 아이로 키우세요

한 해 동안 몇 권의 책을 읽으시나요?

아마 "많지는 않아요."라는 대답이 많을 겁니다. 그렇다면 아이들은 얼마나 책을 읽을까요? 2023년 독서 실태 조사 결과에 따르면, 우리나라 성인 중 43%는 한 해 동안 단 한 권의 책도 읽지 않았다고 합니다. 10명 중 6명이 책을 멀리하고 있는 셈입니다. 더 놀라운 점은 종이책을 읽는 비율이 2013년 이후로 꾸준히 감소하고 있다는 사실입니다. 반면, 아이들의 독서율은 조금 다릅니다. 2021년 81.4%였던 아이들의 독서율은 2023년 93.1%로 증가했습니다. 겉으로 보기에는 긍정적인 변화처럼 보이지만, 그 이면을 살펴볼 필요가 있습니다. 아이들에게 "왜 책을 읽나요?"라고 물으면 가장 많이 돌아오는 대답은 '학업에 필요해서'입니다. 결국 아이들은 학업이라는 목적 아래 책을 읽고 있을 뿐, 책을 즐기거나 스스로 찾아 읽는 독서는 아니라는 것을 알 수 있습니다.

문제는 학업이 끝나면 책과의 관계도 끝난다는 데 있습니다.

성인으로 넘어가며 책을 읽는 비율이 급격히 줄어드는 것은 독서를 학업과 지나치게 연관 지은 결과입니다. 독서가 의무로 느껴지고, 시험과 성적의 도구로만 여겨지면, 학업이 끝나는 순간 책은 더 이상 필요하지 않은 존재가 됩니다. 독서의 즐거움을 알지 못한 채 자란 아이들은 성인이 되어서도 능동적인 독서가로 성장하기 어렵습니다.

그렇다면 아이들이 책을 읽는 즐거움을 느끼며 자라도록 하려면 어떻게 해야 할까요?

첫 번째로, 어른들이 독서 환경을 만들어주는 것이 중요합니다. 아이가 자연스럽게 책과 가까워질 수 있도록 집에 다양한 책을 두고, 함께 읽는 시간을 만들어보세요. 예를 들어, 아이와 함께 도서관에 가서 각자 읽고 싶은 책을 고르고, 책에 대한 간단한 대화를 나누는 것도 좋은 방법입니다.

두 번째로, 책을 읽는 과정을 즐길 수 있도록 도와주세요. 아이가 책을 읽고 싶게 만드는 가장 좋은 방법은 책이 주는 즐거움을 먼저 느끼게 하는 것입니다. 아이가 관심을 가지는 주제의 책을 추천하거나, 책 속 이야기에 대해 함께 상상해 보며 대화를 나누면 책 읽기가 재미있는 경험으로 남을 수 있습니다.

마지막으로, 독서를 단순히 학업의 연장선이 아닌 삶의 즐거움으로 연결해 보세요. 독서가 아이의 성적 향상이나 시험 준비를 위한 도구가 아니라, 아이가 세상을 이해하고 스스로 성장해 나가는 과정임을 알려주는 것이 중요합니다. 이렇게 자란 아이는 학업이 끝난 후에도 책을 즐기며 지속적으로 읽는 독서 습관을 가지게 될 것입니다.

결국, 독서는 그 자체로도 충분히 가치 있는 활동입니다. 책은 우리에게 새로운 세계를 보여주고, 우리의 생각을 넓혀줍니다. 아이들이 책을 학업의 도구로만 보지 않고, 책 속에서 진정한 즐거움과 가치를 발견하도록 도와주세요. 그 작은 변화가 아이를 능동적인 독서가로 성장시키고, 평생 책과 함께하는 삶을 열어줄 것입니다.

1. 특별강의: 한 뼘 더 큰 기적, 글쓰기로 나아가기
2. 특별강의: 피해갈 수 없는 입시, 독서로 준비하기
3. 기적의 단계별 독서법 Q&A 10

1. 특별 강의

한 뼘 더 큰 기적, 글쓰기로 나아가기

1) 즐거운 일기 쓰기 지도법

"오늘 있었던 일을 일기에 써보자."

이 말에 아이가 깊은 한숨을 내쉬거나 "쓸 게 없어요."라고 말한다면, 아이에게 일기 쓰기는 이미 의무인지도 모릅니다. 반복되는 일상 속에서 특별한 일이 없다고 느껴지고, 한 페이지를 채워야 한다는 부담감까지 더해지니 일기를 점점 싫어하게 되는 거죠.

그렇다면 아이가 일기를 부담 없이, 오히려 재미있게 쓸 수 있도록 도와주려면 어떻게 해야 할까요?

먼저, 하루를 나열하기보다는 가장 기억에 남는 순간 하나를 골라 짧게 느낌을 표현하는 방법을 알려주세요. 많은 아이가 일기를 하루를 시간 순서대로 나열하는 방법으로 씁니다.

'오늘 아침에 일어나서 밥을 먹고, 학교에 갔다가 친구들과 놀고 집에 왔다.'

이런 방식은 쓰면서도 금방 지루해지기 때문에, 일기 쓰기에 대한 흥미를 떨어뜨리기 쉽습니다. 대신, "오늘 있었던 일 중에서 가장 재미있거나 기억에 남는 순간은 뭐였니?"라고 질문해 보세요.

아이가 친구들과 축구를 했나요? "무엇이 재미있었니?"라고 물어주세요. "골을 넣었을 때 모두가 환호했어!"라고 대답한다면, 그 느낌을 글로 표현하도록 지도할 수 있습니다. '재미있었다.'라는 추상적인 표현 대신, 구체적인 장면을 떠올리며 쓰게 하는 거죠.

'내가 골을 넣는 순간, 친구들이 '와!' 하고 소리를 질렀다. 나도 모르게 입이 귀에 걸리고 가슴이 두근거렸다.'

처음에는 '즐거웠다.', '재미있었다.'처럼 간단하게 표현할 수 있습니다. 이때, 왜 그렇게 느꼈는지 질문을 던져보세요.

"왜 즐거웠어?"

"어떤 장면이 떠올라?"

아이가 자신의 감정을 좀 더 깊이 생각하도록 도와줍니다. 예를 들어, '맛있었다.'라는 표현도 '달콤한 초콜릿 냄새가 코를 찔렀고, 부드러운 케이크를 한 입 베어 물자 입안에서 사르르 녹았다.'처럼 장면을 보여주듯 쓰도록 지도할 수 있습니다.

일기 쓰기는 단순히 감정을 설명하는 것이 아니라, 마치 그림을 그리는 것처럼 쓰는 연습을 통해 표현력을 키울 수 있습니다. 예를 들어, '친구가 슬퍼했다.'라는 문장 대신, 이렇게 표현할 수 있죠.

'친구의 눈이 붉게 충혈되어 있었고, 금방이라도 눈물이 뚝뚝 떨어질 것 같았다.'

아이가 그날 있었던 일을 떠올릴 때 장면과 사람들의 표정을 생생히 상상하도록 질문해 주면, 추상적인 문장이 구체적인 묘사로 바뀌는 경험을 할 수 있습니다.

이런 과정에서 중요한 점은 길게 쓰는 게 아니라 느낌을 담는 것입니다. 아이가 하루 중 한 가지 순간을 골라 간단히 자신의 생각과 느낌을 표현하는 것만으로도 일기 쓰기는 충분히 의미가 있습니다. '오늘 있었던 일을 한 페이지 가득 써야 해.'라는 부담을 덜어주고, 짧지만 진솔한 글을 쓰는 경험이 쌓이면 아이는 점차 글쓰기에 자신감을 느끼게 될 것입니다.

아이가 일기 쓰기를 즐겁게 느끼게 하는 데 부모가 함께 참여하는 것도 좋은 방법입니다. '엄마(아빠)는 이런 일이 있었어. 그런데 이런 기분이 들었어.'라고 이야기를 나누며 아이와 일기의 주제를 공유해 보세요.

"엄마는 오늘 시장에 갔는데, 과일 가게에서 너무 신선한 딸기를 보고 기분이 좋아졌어. 너는 오늘 어떤 순간이 가장 기억에 남았니?"

아이는 부모의 경험을 들으며 자신의 하루를 떠올리고, 글로 표현하는 데 흥미를 느낄 수 있습니다.

결국, 일기는 글쓰기 능력을 키우는 데 그치지 않고, 아이가 자신의 하루를 돌아보고 감정을 정리하는 시간을 가질 수 있게 해줍니다. 글을 잘 쓰는 아이로 키우기보다 글쓰기를 좋아하는 아이로 키우는 것이 중요하다는 점을 기억하세요. 마치 무작정 책을 많이 읽는 것보다 책 읽기를 좋아하게 만드는 것이 더 중요한 것처럼요. 오늘부터 아이와 함께 일기 쓰기를 조금 더 가볍고 재미있게 시작해 보세요. 작은 변화가 아이의 사고력과 표현력, 그리고 글쓰기에 대한 태도를 크게 바꿀 수 있습니다.

2) 영역별 글쓰기 지도법

책을 읽고 나서 글쓰기를 할 때, 한 가지 질문을 던져봅시다.

"책의 종류에 따라 글쓰기도 달라야 할까요?"

대답은 '그렇다!'입니다. 책의 내용과 성격이 다르다면, 그 책을 읽고 쓰는 글의 방식도 당연히 달라져야 합니다. 초등학생이 주로 읽는 책을 예로 들어볼까요? 크게 나누면 소설이나 이야기가 중심인 문학(픽션) 도서와 역사, 사회, 과학 등 정보를 전달하는 비문학(논픽션) 도서로 나눌 수 있습니다. 이 두 종류의 책은 읽는 방법도 다르고, 글을 쓰는 방식도 다릅니다.

문학 도서를 읽을 때는 인물, 사건, 배경이라는 세 가지 요소에 주목해야 합니다. 주인공이 어떤 사건을 경험했는가, 그것을 어떻게 해결하는가, 모든 일이 언제 어디서 일어났는가를 이해하는 것입니다. 예를 들어, 주인공과 주변 인물 간의 갈등이나 사건의 전개가 작품의 배경과 어떤 연관이 있는지를 살펴보세요. 이렇게 이야기를 제대로 이해해야 책에 대한 글쓰기도 잘할 수 있습니다.

글을 쓸 때는 책 속 주인공의 성격과 나의 성격을 비교해 보거나, 책 속 사건이 내 생활과 어떤 연관이 있는지 생각해 보세요. 예를 들어, '주인공은 어려운 상황에서도 용기를 잃지 않았는데, 나도 그런 점은 본받고 싶다.' 같은 방식으로 책과 나를 연결하면, 나만의 독창적인 글쓰기가 될 것입니다.

반면, 비문학 도서를 읽고 글을 쓸 때는 접근 방식이 달라야 합니다. 비문학 도서에서는 저자가 책에서 무엇을 주장하고, 무엇을 설명하려 하는지를 파악하는 것이 가장 중요합니다. 저자의 주장을 이해하려면 그 이유와 근거를 꼼꼼히 살펴야 합니다. 예를 들어, '이 책은 환경 보호의 중요성을 강조하면서, 그 근거로 지구 온난화와 생태계 파괴 사례를 제시했다.'라는 식으로 저자가 전달하려는 메시지를 정확히 정리해 보는 것입니다.

비문학 도서를 바탕으로 글을 쓸 때는 문학 도서와 달리 더 객관적이고 논리적인 접근이 필요합니다. 새롭게 알게 된 사실이나 저자가 사용한 설명 방법을 중심으로, 주제와 근거를 논리적으로 풀어나가는 글쓰기가 효과적입니다. 예를 들어, '저자는 통계 자료와 사례를 활용해 환경 문제의 심각성을 강조했다.'라는 식으로 글의 구조를 명확히 하면 좋습니다.

결국 책을 읽고 글을 쓰는 과정은 책의 내용을 깊이 이해하고, 그 특징에 맞는 방법으로 표현하는 데 있습니다. 문학 도서에서는 인물과 사건, 나와의 연관성을 찾아 쓰는 것이 중요하고, 비문학 도서에서는 저자의 주장을 파악하고 논리적으로 풀어내는 것이 핵심입니다. 다양한 책을 읽고 그에 맞는 글쓰기를 연습하다 보면 아이들은 글쓰기 능력을 더 깊고 넓게 발전시킬 수 있을 것입니다.

2. 특별 강의

피해갈 수 없는 입시, 독서로 준비하기

1) 결국 국어 실력이 성적을 좌우한다

"국어를 잘하면 모든 공부를 잘한다."
이 말, 정말 사실일까요?

학교에서 배우는 모든 교과는 언어로 이루어져 있습니다. 교과서를 읽고 이해하는 것부터 배운 내용을 기억하고 표현하는 것까지, 학습은 모두 언어를 바탕으로 이루어집니다. 결국, 국어를 잘하면 다른 과목도 잘할 가능성이 높습니다.

국어는 학습에 필요한 3가지 핵심 능력을 길러줍니다. 첫 번째는 독해력으로, 글을 읽고 듣고 지식을 이해하는 능력입니다. 두 번째는 작문력, 즉 생각을 글과 말로 표현하는 능력입니다. 세 번째는 논리력으로, 특히 수학 문제를 해결하는 논리적 사고방식을 의미합니다. 국어는 이 3가지 능력을 고르게 발달시키며, 모든 학습의 기초가 됩니다.

국어 실력은 영어와 수학에도 영향을 미칩니다. 영어를 배우는 과정은 국어처럼 언어를 이해하는 능력을 요구합니다. 국어 독해력이 부족하면 영어 독해에서도 어려움을 겪게 되고, 국어 작문력이 약하면 영어 작문도 한계를 드러냅니다. 수학 역시 마찬가지입니다. 수학 문제는 숫자와 기호로 표현되지만, 문제의 핵심을 파악하려면 문장을 이해하는 능력이 필요합니다. 결국, 국어가 탄탄해야 영어와 수학에서도 좋은 성과를 낼 수 있습니다.

초등학교 시기에 국어의 기초를 다지는 것은 매우 중요합니다. 이 시기의 국어 실력은 이후 학습 성취의 85%를 결정짓는다고 할 정도로 큰 영향을 미칩니다. 국어를 잘 이해하고 다루는 아이는 학습의 기본을 갖추고, 모든 과목에서 어려움 없이 성장할 수 있습니다.

결국, 국어는 학습의 시작이자 중심입니다.

국어 실력이 탄탄하면 모든 공부의 기초가 마련됩니다. 지금 바로 아이의 국어 실력을 점검하고, 읽기와 쓰기 능력을 길러주세요. 국어는 모든 학문의 첫 단추이자 성공적인 학습의 열쇠입니다.

2) 불수능 국어, 독서로 미리 대비하자

왜 수능 국어는 이렇게 어려울까요?

매년 수능이 끝나면 '불수능'이라는 말이 떠오릅니다. 수능 국어는 왜 이렇게 어렵게 느껴질까요? 이유는 단순합니다. 국어는 수학처럼 정해진 공식이나 암기로 풀어낼 수 없는 언어 과목이기 때문입니다. 수능 국어를 잘하려면 단순한 암기와 문제 풀이를 넘어, 글을 이해하고 분석하며 추론하고 비판하는 능력이 필요합니다. 결국, 수능 국어의 핵심도 독서와 같은 독해력입니다.

수능 국어는 독해력이 없으면 감당하기 어려운 과목입니다. 1교시에 45문항, 80분 동안 시험을 봐야 하는 수능 국어. 시험지는 16쪽, 글자 수는 띄어쓰기를 포함해 약 3만 6,000자, 원고지 200장 분량에 해당합니다. 이런 방대한 분량을 제한된 시간 안에 읽고, 이해하고, 문제까지 풀어야 합니다. 문제를 제대로 풀려면 지문을 읽으며 핵심을 파악하고, 질문의 의도를 분석하고, 답을 선택할 근거를 찾아야 합니다. 이 모든 과정은 단순한 암기가 아니라 깊이 있는 읽기 능력이 뒷받침되어야 가능합니다.

국어는 하루아침에 잘할 수 있는 과목이 아닙니다. 수능 국어는 꾸준히 책을 읽고, 글의 구조와 요점을 파악하는 훈련을 통해 실력을 쌓아야 합니다. 예습이나 공식을 외우는 방식으로는 해결할 수 없습니다. 짧고 간단한 글을 시작으로, 점차 긴 글과 다양한 주제를 섭렵하며 읽기 능력을 키워야 합니다. 글의 주제를 이해하고, 요지를 추려내며, 추론하고 비판하는 과정이 필수입니다.

어릴 때부터 차근차근 쌓아온 독해력이 결국 수능 국어의 성패를 좌우합니다.

책을 읽으며 이해력을 키우고, 사실문제를 통해 내용을 제대로 파악했는지 확인해 보세요. 긴 글을 읽는 데 익숙해지고, 어떤 지문이라도 글의 핵심을 찾아내는 연습을 해야 합니다. 이런 습관은 단기간에 이루어지지 않습니다. 어릴 때부터 시작해 점진적으로 실력을 쌓아온 아이들이 결국 수능에서도 성공할 수 있습니다.

3) 한국사, 단순히 암기과목이 아니다!

수능 필수 과목인 한국사, 아이들에게는 어떻게 다가갈까요?

많은 아이들이 한국사를 단순히 암기과목으로 생각합니다. 방대한 정보량 때문에 흥미를 잃기 쉽고, 어렵다는 선입견을 가지기도 합니다. 하지만 실제로 한국사는 단순히 암기하는 과목이 아닙니다. 흐름을 이해하고 맥락을 파악하는 능력이 무엇보다 중요합니다. 체계적인 독서와 학습 전략을 통해 한국사를 흥미롭게 시작하고, 수능까지 연결할 수 있는 방법을 살펴봅시다.

먼저, 무조건 어렵다는 선입견부터 버려야 합니다. 한국사는 역사적 인물과 사건에 대한 흥미를 바탕으로 시작할 때 더 재미있게 느껴질 수 있습니다. 특히 초등학생 시기에는 독서를 통해 자연스럽게 한국사에 친밀감을 느끼도록 도와주세요.

초등 1~2학년 아이들에게는 옛날이야기와 위인전이 좋은 시작이 됩니다. 이 시기 아이들은 역사적 흐름을 이해하기보다는 이야기를 즐기며 옛날 사람들의 삶을 상상하는 데 더 흥미를 느낍니다. 조선 시대의 이야기나 대표적인 위인들의 일화를 담은 책은 한국사에 대한 첫인상을 좋게 만들어줍니다. 더불어 영화나 시각 자료를 활용하면 역사에 대한 친근감을 높일 수 있습니다.

초등 3~4학년이 되면 역사 동화를 통해 문화와 전통을 이해하게 해주세요. 이 시기는 사회 과목을 통해 기본적인 역사 개념을 배우기 시작하는 단계입니다. 이 시기에는 복잡한 사건보다는 우리 조상들의 생활 모습이나 전통적 가치관에 대한 이야기를 다룬 책이 적합합니다. 예를 들어, 한글 창제 과정이나 농경 사회의 모습과 같은 주제는 아이들에게 흥미를 줄 수 있습니다.

초등 5~6학년에서는 본격적으로 한국사의 큰 흐름을 이해해야 합니다. 선사시대부터 근현대까지 전반적인 흐름을 익히는 시기입니다. 학교 교과 진도에 맞춰 관련 도서를 읽고, 시대순 연표나 역사 신문 만들기 활동이 효과적입니다. 각 시대를 대표하는 유물이나 유적, 주요 인물과 사건을 중심으로 국내외 상황을 파악할 수 있도록 지도해 주세요. 이 시기에는 독서와 교과서 읽기를 병행하며 중요한 내용을 노트에 정리하고 도식화하는 습관을 길러야 합니다.

중학교에 들어가면 한국사 학습을 본격적으로 염두에 두어야 합니다.

이 시기에는 역사의 흐름을 이해하는 학습법이 중요합니다. 교과서를 읽고 시대별 흐름을 서사 형식으로 정리해 보세요. 예를 들어, '고려가 왜 몽골과 외교를 선택했는지'와 같은 질문을 중심으로 주요 사건의 원인과 결과를 파악하는 연습을 해야 합니다.

고등학교에서는 한국사가 수능 필수 과목이 되면서 학습의 깊이가 더욱 중요해집니다.

단원별로 골고루 문제가 출제되기 때문에, 역사적 용어와 개념을 정확히 이해해야 합니다. 시대별로 상황을 비교하고, 핵심 내용을 분석하며 문제 풀이 능력을 키우는 것이 필수입니다. 고등학교 과정에서는 학습서와 문제집을 활용해 출제 유형에 익숙해지고, 암기보다는 이해를 중심으로 학습 전략을 세워야 합니다.

결국, 한국사는 단순히 암기과목이 아니라 흐름과 맥락을 이해하는 과목입니다.

초등학교 시기에는 흥미와 친근감을, 중학교에서는 체계적인 정리와 서사적 이해를, 고등학교에서는 분석과 문제 해결 능력을 길러주는 것이 중요합니다. 한국사를 독서로 시작해 학습으로 이어간다면, 독서 흥미와 학습 성취를 함께 얻을 수 있을 것입니다.

3.

기적의 단계별 독서법 Q&A 10

Q. 아이가 책을 읽고 100% 이해한다면 정말 좋은 걸까요?

생각해 보면, 꼭 그렇지는 않습니다. 책을 읽고 늘 100% 이해한다면, 그 책은 아이에게 너무 쉬운 책일 가능성이 큽니다.

독서에는 '호기심의 공백'이 중요합니다. 이 이론은 카네기 멜론 대학의 행동 경제학자 조지 로인스타인이 제안한 것입니다. 간단히 말하면, 사람은 지식의 빈틈이 있을 때 호기심을 느낀다는 거예요. 궁금증이 생기면 그걸 채우고 싶어지고, 스스로 공부하게 된다는 뜻입니다.

이 이론은 독서에서도 그대로 적용됩니다. 책을 읽으면서 모든 내용을 완벽히 이해하는 것보다, 약간의 빈틈이 남아 있을 때 흥미가 극대화됩니다. 연구에 따르면, 지식 공백이 25% 정도일 때 가장 높은 호기심을 느낀다고 해요. 이 호기심은 또 다른 책을 찾아 읽고 싶게 만드는 힘이 됩니다.

그래서 우리 아이에게 '딱 맞는 책'이란 무엇일까요? 바로 너무 어렵지도 않고, 너무 쉽지도 않은 책입니다. 아이가 읽으면서 지식의 공백을 느끼지만, 그 공백을 스스로 채울 수 있는 흥미와 동기를 느낄 수 있는 책이죠. 이런 책을 찾아 읽다 보면, 아이는 자연스럽게 독서의 재미를 느끼고 평생 책과 친구가 될 수 있습니다. 호기심의 공백 이론을 적용한 독서로 우리 아이 독서 습관을 길러주세요.

Q. 책을 많이 읽으면 공부도 잘할까요?

"책을 많이 읽으면 공부도 잘하나요?"

"우리 아이는 공부를 잘하는데, 독서를 꼭 해야 하나요?"

이런 질문을 많이 받습니다. 얼핏 보면 독서와 학습이 같은 맥락인 것처럼 보이기도 합니다. 하지만 사실은 전혀 다릅니다. 학습은 교과서를 읽고, 내용을 이해하고, 정리하고, 암기하는 과정입니다. 시험이나 점수를 위해 필요한 활동이죠. 예를 들어, 수학 문제를 푼다고 생각해 보세요. 정답이 정해져 있고, 그 정답을 맞히기 위해 노력해야 합니다. 학습은 결과가 중요합니다. 답이 정확해야 하고, 과정은 그 결과를 위해 존재하는 거죠.

그런데 독서는 다릅니다. 독서는 책을 읽고 난 뒤에 "그래서 이건 어떤 의미일까?", "나는 이걸 어떻게 생각하지?"처럼 생각을 확장해 나가는 활동이에요. 읽는 과정 자체가 중요하고, 그 과정에서 떠오른 생각과 감정을 스스로 정리하고 표현합니다. 그래서 독서는 과정보다 결과를 중시하는 학습과는 본질적으로 다른 활동이에요.

어떤 분들은 독서를 학습처럼 생각해서, 정형화된 방식으로 가르치기도 해요. 하지만 독서는 아이가 자유롭게 자신만의 속도와 방식으로 즐길 수 있어야 합니다. 너무 정답을 알려주는 방식으로 독서를 진행하면, 아이가 책과 멀어질 수 있거든요.

독서는 학습과 비유하자면 이런 느낌이에요. 학습이 산 정상에 도달하는 게 목표라면, 독서는 정상으로 가는 길에서 어떤 풍경을 보았고, 그게 어떤 의미였는지 떠올리는 거죠. 아이가 정상에 가는 동안 스스로 길을 찾아가고, 그 과정에서 얻은 기쁨과 배움을 경험하는 것이 독서의 핵심이에요.

결론적으로, 독서는 학습이 아닙니다. 아이에게 독서는 결과가 아닌 과정을 즐길 수 있는 특별한 경험이 되어야 합니다. 학습을 잘하는 아이도, 그렇지 않은 아이도, 책과 함께하는 시간에서 자기만의 세상을 만들어가는 즐거움을 느낄 수 있어야 해요.

Q. 독서가 먼저일까요, 공부가 먼저일까요?

많은 부모님이 독서가 먼저인지, 공부가 먼저인지 고민을 하십니다. 결론부터 말씀드리자면, 독서가 먼저입니다. 왜냐하면 독서를 통해 습관과 기본 능력이 잡혀야 공부도 잘할 수 있기 때문이에요. 만약 독서를 소홀히

하면, 아이가 어휘력과 이해력이 부족해지고, 결국 공부에서도 어려움을 겪게 됩니다.

공부를 싫어하는 아이들을 떠올려보세요. 책상에 앉아 있는 것조차 힘들어하고, 글을 읽어도 이해가 되지 않아 금세 지치곤 합니다. 반면에 책 읽기를 좋아하는 아이는 어떨까요? 이미 책을 읽으며 한자리에 앉아 있는 습관이 자연스럽게 길러져 있어요. 그래서 오랜 시간 책상에 앉아 공부하는 것도 덜 힘들어합니다.

책을 읽는 동안 아이들은 다양한 어휘와 문장을 접하며 내용과 그림을 함께 이해합니다. 이 과정에서 어휘력과 이해력이 쌓이고, 교과서에서 모르는 단어를 만나도 문맥을 통해 의미를 추론할 수 있는 능력이 생깁니다. 책을 읽으며 몰입하는 경험 덕분에 집중력도 함께 좋아지죠.

앞으로 아이들이 살아가야 할 세상은 우리가 경험해 보지 못한 새로운 시대일 것입니다. 그 시대에는 단순히 지식을 암기하는 것보다, 스스로 사고하고 문제를 해결하는 능력이 중요해질 겁니다. 이런 능력은 어디에서 시작될까요? 바로 독서를 통해 길러질 수 있습니다.

그러니, 공부 잘하는 아이로 키우고 싶다면 먼저 책 읽는 아이로 키워보세요. 아이에게 필요한 교육을 고민한다면, 바른 독서 습관부터 만들어주세요. 책 읽는 아이가 공부하는 아이를 이긴다는 말은 결코 과장이 아닙니다. 책 읽는 아이가 공부하는 아이를 이긴다는 말, 이제 조금 더 와닿으셨나요?

Q. 책을 좋아하는 아이, 어떻게 키울 수 있을까요?

책을 진짜 좋아하는 아이로 키우기 위해, 우리는 무엇을 해야 할까요?

첫째로, 부모님이 독서의 본질을 이해하는 것이 중요합니다. 독서는 단순히 점수를 올리거나 교과 내용을 암기하기 위한 도구가 아닙니다. 독서는 삶의 문제를 피하지 않고, 스스로 해결해 나가는 방법을 배우는 과정입니다. 책을 통해 아이는 넓은 사고력을 키우고, 타인을 이해하며, 사회 구성원으로서 책임감과 도덕성을 배웁니다. 부모님이 먼저 독서가 얼마나 넓고 깊은 가치를 가진 활동인지 깨닫고, 아이에게 그 가치를 알려줘야 합니다. 그래야 아이도 독서를 올바르게 바라볼 수 있습니다.

둘째, 독서에도 골든 타임이 있다는 점을 기억해야 합니다. 흔히 초등 시기가 독서의 골든 타임이라고 하지만, 사실 독서는 훨씬 더 이른 시기부터 준비되어야 합니다. 아주 어린 시절부터 '엄마, 아빠와 함께 읽는 책은 재미있다'는 경험이 쌓이면, 초등 시기에 독서량이 폭발적으로 늘어나게 됩니다. 그런 아이들은 자연스럽게 독서 습관과 문해력, 독해력을 함께 키우게 됩니다. 만약 어린 시절에 책과 친하지 않았던 아이에게 갑자기 "책 좀 읽어라."라고 강요한다면 어떨까요? 아이는 쉽게 책을 싫어하게 됩니다.

결국, 책 읽기를 좋아하는 아이로 키우려면 부모님의 역할이 중요합니다. 아이가 독서를 자연스럽게 받아들이고 즐기도록 환경을 만들어주어야 합니다. 책을 좋아하는 아이로 키우는 길은 어렵지 않습니다. 작은 시작이 큰 변화를 만듭니다. 오늘부터 아이와 함께 책 읽는 즐거움을 나눠보세요.

그 순간이 아이의 성장에 큰 힘이 될 겁니다.

Q. 아이와 함께 읽는 책 한 권, 얼마나 특별할까요?

부모와 아이가 함께 독서하면 어떤 점이 좋을까요?

첫째, 부모와 아이의 유대감이 깊어집니다. 이야기 속 소재에 대해 대화를 나누고, 그림에서 관찰한 것을 공유하며 서로의 생각을 주고받게 됩니다. 책 속의 이야기가 흥미진진하게 전개될 때 부모와 아이가 같은 감정을 느끼고, 같은 장면에 대해 감탄하며 연결될 수 있습니다. 이런 과정은 자연스럽게 부모와 아이의 유대감을 강화하고, 관계를 더욱 끈끈하게 만들어줍니다.

둘째, 책 읽기는 차분한 휴식의 시간이 됩니다. 일상 속에서 부모와 아이가 조용히 책을 읽는 시간은 반가운 쉼표와도 같습니다. 독서는 안정감과 편안함을 주며, 함께하는 순간 자체가 서로에게 위로와 휴식을 선물합니다.

셋째, 의사소통 능력도 향상됩니다. 책 속 이야기나 그림에서 발견한 것들을 함께 이야기하는 과정은 자연스럽게 아이의 어휘력을 키워줍니다. 다양한 표현과 단어를 접하며 어휘가 풍부해질 뿐 아니라, 다른 사람의 관점과 견해를 이해하며 비판적 사고 능력도 발달합니다. 예를 들어, 소설 속 주인공의 입장에서 이야기를 생각해 보거나, 등장 인물 간의 갈등을 아이와 함께 풀어보는 것은 공감 능력을 키우는 데도 큰 도움을 줍니다.

부모와 아이가 함께 독서를 하는 시간은 단순히 책을 읽는 것을 넘어, 서로를 이해하고 함께 성장하는 특별한 순간입니다. 오늘부터 아이와 함께 책을 펼쳐 보세요. 그 작은 습관이 아이의 정서와 지능, 그리고 창의력을 키우는 큰 힘이 될 것입니다.

Q. 그림책을 꼭 읽어야 할까요?

아이와 함께 그림책을 읽는 시간은 단순한 독서를 넘어, 부모와 아이가 서로를 깊이 이해하고 교감할 수 있는 소중한 경험을 제공합니다. 예를 들어, 『알사탕』이라는 그림책에서는 주인공 동동이가 알사탕을 통해 가족과 친구, 그리고 강아지에게 마음속 깊은 이야기를 전합니다. 이 책을 읽고 난 후 아이에게 "너도 알사탕을 먹는다면 누구에게 어떤 이야기를 하고 싶을까?"라고 물어보세요. 아이는 자신이 평소에 잘 표현하지 못했던 생각이나 감정을 자연스럽게 꺼내놓을 수 있습니다. 이 과정에서 아이는 자신의 감정을 인식하고, 그것을 말로 표현하는 법을 배우게 됩니다.

그림책의 또 다른 장점은 시각 집중력을 높이는 데 도움을 준다는 것입니다. 스마트폰은 화면 전환이 빨라 아이가 내용을 따라가느라 정신이 없게 만듭니다. 반면, 그림책은 한 장면을 오랫동안 들여다보게 합니다. "이 그림에서 고양이가 뭘 하고 있을까?"라고 묻거나, "여기 숨어 있는 작은 물건을 찾아보자!" 같은 활동을 하면 아이는 그림 속 디테일을 관찰하며 집중력과 관찰력을 키울 수 있습니다.

그림책은 정서 발달에도 큰 역할을 합니다. 그림책 속 주인공이 겪는 다양한 상황을 보며, 아이는 자신의 경험을 떠올리고 이를 이해하는 법을 배웁니다. 예를 들어, 책 속에서 누군가 슬픈 상황에 처했다면, "네가 그 주인공이라면 어떻게 느꼈을 것 같아?"라고 물어보세요. 아이는 자신의 감정을 자연스럽게 연결시키고, 이를 통해 공감 능력을 키울 수 있습니다.

결국, 그림책은 단순히 재미있는 이야기를 읽는 시간을 넘어, 아이의 성장과 발달을 돕는 중요한 도구입니다.

Q. 독해력을 높이는 가장 쉬운 방법은 무엇일까요?

하지만 독해력을 키우는 방법은 의외로 단순합니다. 바로 독서입니다.

책을 읽고 이해하는 경험을 쌓는 것만큼 독해력을 키우는 데 효과적인 방법은 없습니다. 아이의 수준에 맞는 책을 골라, 스스로 글을 읽고 이해하며 생각하는 기회를 주는 것이 핵심입니다. 독서에는 어느 정도 절대량이 필요합니다. 시간을 내서 몰입하고 집중하는 과정이 반복될 때 독해력은 점점 단단해집니다.

독서를 통해 독해력을 키우려면 몇 가지를 기억해야 합니다.

먼저, 아이가 흥미를 느낄 수 있는 책을 고르는 것이 중요합니다. 독서가 재미있다고 느껴지고, 책 속 이야기로 몰입할 수 있어야 독서가 즐거운 경험이 됩니다. 예를 들어, 동물을 좋아하는 아이라면 동물이 주인공인 이야기책을, 모험을 좋아하는 아이라면 모험 소설을 선택하는 식이죠.

또한, 책을 읽는 주체자인 아이의 입장을 충분히 고려해야 합니다.

어른이 보기에는 '좋은 책'이라도 아이가 재미없어 하면 그 책은 아이에게 의미가 없습니다. 아이가 스스로 선택한 책을 읽게 하고, 그 책에 몰입하며 즐거움을 느끼게 해야 합니다. 단순히 책을 빠르게 읽거나 많은 책을 읽는 것보다, 한 권을 천천히 읽으며 내용을 깊이 생각하고 이해하는 것이 독해력 향상에 훨씬 효과적입니다.

책을 읽은 후 아이와 간단히 이야기를 나누는 것도 독해력을 키우는 데 큰 도움이 됩니다.

"주인공은 왜 그런 결정을 내렸을까?", "너라면 어떻게 했을 것 같아?" 같은 질문을 통해 아이는 내용을 다시 떠올리고, 자신의 생각을 정리하며 표현하는 경험을 할 수 있습니다. 이런 과정은 독해력을 넘어 사고력과 표현력까지 함께 키울 수 있는 좋은 방법입니다.

Q. 올바른 독서 습관, 많이 읽는 것만이 답일까요?

'책은 많이 읽어야 한다'는 말, 익숙하지 않으신가요?

물론 책을 많이 읽는 것은 좋은 일입니다. 하지만 정말 중요한 것은 책을 얼마나 읽느냐가 아니라, 책을 어떻게 읽느냐입니다. 독서는 단순히 많은 글자를 넘기는 것이 아니라, 그 글 속에 담긴 의미를 이해하고, 나의 삶과 연결하는 과정이기 때문입니다.

빅토르 위고의 『레 미제라블』을 떠올려보세요. 장발장이 빵을 훔친 이야기만 기억하고 끝난다면, 이 책의 진정한 가치를 놓치는 셈입니다. 하지만 '왜 장발장이 그런 선택을 할 수밖에 없었을까?'라는 질문을 던지며 읽는다면, 단순히 줄거리를 아는 것을 넘어, 당시 사회 구조와 정의의 의미를 곱씹게 됩니다. 독서의 본질은 바로 여기에 있습니다. 글자를 넘어 그 너머의 의미를 이해하고, 스스로 생각하고 고민하는 데 있죠.

Q. 우리 아이, 편독이 문제일까요?

문학, 인문, 사회, 과학, 예술, 역사, 진로 도서까지, 다양한 분야의 책이 무수히 많습니다. 그런데 왜 우리 아이는 특정 분야의 책만 읽는 걸까요? 사람마다 관심 분야가 다르듯, 아이들도 마찬가지입니다. 아이들은 자신이 흥미를 느끼는 분야의 책을 더 많이 읽고 싶어 합니다. 이런 편독 현상을 걱정하는 부모님도 계시지만, 사실 편독 자체가 큰 문제는 아닙니다. 오히려 아이가 관심 분야 도서를 읽으면서 성취감을 느끼고, 이를 통해 독서의 즐거움을 경험할 수 있다는 점에서 긍정적인 측면도 있습니다.

다만, 편독이 지나치면 독서의 폭이 좁아질 수 있습니다. 예를 들어, 동화책만 읽던 아이가 과학이나 사회 영역의 책을 접할 때 어려움을 느낄 수 있습니다. 반대로, 수학책이나 정보 위주의 책만 읽던 아이는 이야기 글에서 감정과 흐름을 파악하기 힘들어할 수도 있습니다. 우리나라 국어 영역만 보더라도 문학과 비문학을 모두 포함하며, 문학은 시, 소설, 수필 등 다양한 장르로 구성되고, 비문학은 인문, 사회, 과학, 예술 등 다양한 분야를 아우릅니다. 결국, 편독은 아이가 성장하며 다양한 분야를 이해하는 데 있어 제한이 될 수 있습니다.

Q. 편독을 반드시 고쳐야 할까요?

결론부터 말하자면, 지금 당장 고쳐야 한다고 생각할 필요는 없습니다. 아이가 좋아하는 분야의 도서를 읽는 과정에서 성취감을 느끼고, 그 성취감이 다른 분야로 관심을 넓히는 계기가 될 수 있기 때문입니다. 중요한 것은 아이의 수준과 관심을 존중하면서, 차근차근 다른 영역으로 독서의 폭을 넓혀주는 방법을 찾는 것입니다.

예를 들어, 과학 도서를 좋아하는 초등 5학년 아이는 과학 도서라면 6학년 수준의 책도 문제없이 읽을 수 있습니다. 반면, 문학 도서를 싫어한다면 굳이 5학년 수준의 문학 도서를 고집할 필요는 없습니다. 아이의 수준에 맞춰 더 쉬운 도서를 선택해 흥미를 느끼게 하는 것이 우선입니다. 억지로 학년 수준에 맞는 책을 읽히거나 흥미 없는 책을 강요하면, 오히려 독서에 대한 흥미를 잃게 만들 수 있습니다.

아이의 편독 습관을 수정하고 싶다면, 흥미를 기반으로 조금씩 변화를 시도해 보세요. 아이의 관심 분야 도서를 계속 읽게 하면서, 싫어하거나 어려워하는 분야의 책은 더 낮은 수준에서 시작해 재미를 느낄 수 있도록 도와주세요. 다양한 분야의 책을 읽으면서 배경지식을 넓히는 것은 시간이 필요한 과정입니다. 강요가 아닌 자연스러운 접근이 아이를 다양한 분야의 독서로 이끌 수 있습니다. 편독은 억지로 고치는 것이 아니라, 아이가 책을 즐길 수 있도록 돕는 데 초점을 맞춰야 합니다.

아이의 독서 수준을 파악하고, 흥미를 중심으로 다양한 영역의 책을 제공해 주세요. 이렇게 독서의 즐거움을 잃지 않으면서도 폭을 넓혀가는 과정이야말로 편독을 자연스럽게 수정하고, 아이가 균형 잡힌 독서를 즐길 수 있도록 돕는 방법입니다.

미래를 살아갈 아이들에게

독서라는 날개를 달아주고 싶은

모든 학부모님들, 교육자분들과 함께

이 책을 나눕니다.